走红思维

MASTER THE BRAND CALLED YOU™

〔美〕布伦达·本斯◎著
张艳◎译

天津出版传媒集团
天津科学技术出版社

著作权合同登记号：图字 02-2020-60

Master the Brand Called YOU™
Copyright © 2008, 2014 by Brenda S. Bence
All rights reserved
Published by Global Insight Communications LLC
Simplified Chinese rights arranged through CA-LINK International LLC（www.ca-link.com）

图书在版编目（CIP）数据

走红思维 /（美）布伦达·本斯著；张艳译. -- 天津：天津科学技术出版社，2020.6
书名原文：Master the Brand Called YOU™
ISBN 978-7-5576-7931-6

Ⅰ.①走… Ⅱ.①布… ②张… Ⅲ.①供销经营 Ⅳ.①F274

中国版本图书馆CIP数据核字（2020）第093039号

走红思维
ZOUHONG SIWEI
责任编辑：胡艳杰

| 出　　版： | 天津出版传媒集团 |
| | 天津科学技术出版社 |

地　　址：天津市西康路35号
邮政编码：300051
电　　话：（022）23332695
网　　址：www.tjkjcbs.com.cn
发　　行：新华书店经销
印　　刷：天津中印联印务有限公司

开本 710×1000　1/16　印张13　字数170 000
2020年6月第1版第1次印刷
定价：55.00元

来自世界各地的对本书的赞誉

"这是我看过的唯一一本可以为你的个人品牌提供稳妥的建立过程的书,且内容简单易懂。本斯的个人品牌体系将引领你抵达所向往的目标之地。终于,有人让个人品牌塑造变得如此简单!"

托马斯·怀特(Thomas White)
苏黎世保险集团人力资源集团负责人

"首先,无论是对于产品,还是公司,又或者是一个国家,我一直认为品牌就是关注事物本质。然后,以一种真正理解受众观点的方式去进行沟通传播,这样就会使得你所说的话产生与受众的相关性并对受众形成吸引力。如果说这些年来,我对品牌理解在一定程度上来说是对的,何不把它适用于你的品牌,或者说你的领导个人品牌呢?这是一个简单而有力的想法。我要是想到就好了!"

蒂姆·伊塞克(Tim Isaac)
奥美亚太地区副主席

"当今竞争激烈的市场,要求每个人都能找到自己的定位,这不仅适用于个人,也适用于产品。获得成功唯一的途径是建立一种值得信赖的可信关系,而品牌就是我们留在受众心中的方式。这本书教人们如何以一种非常友好、实际的方式做到这一点。"

朱莉娅·图希尔·穆里根(Julia Tuthill Mulligan)
全球新风险投资公司箭牌子公司总经理

"作为一名企业营销人员,布伦达·本斯在世界各地建立了成功的企业品牌。现在，她向你展示了如何使你自己的个人品牌同样获得成功。无论你处在什么环境中竞争，她对个人品牌的简单明了的方法将确保你在人群中脱颖而出。"

米迦勒·伍德（Michael Wood）
李奥贝纳大中华区首席执行官

"我常常发现，我们面试的最理想候选人，通常对他们是谁、他们想要什么（无论是生活还是职业），以及他们需要去哪里都有着明确的想法。那些精心打造和传播他们个人品牌的人，不仅在改变过程中取得了更大成功，更重要的是，他们在当前组织中亦承担了新角色和责任。本书分享的强大个人品牌系统能帮助读者做到这一点，即通过个人品牌获得成功。强烈推荐！"

查尔斯·摩尔（Charles Moore）
海德思哲国际咨询公司执行合伙人

"就像布伦达在指导客户时所遵循的过程一样，这本书中列出的简单步骤为读者提供了一个奇妙系统，来帮助你定义、营销并掌控你的工作与生活。阅读这本书就像布伦达在面对面指导你定义你的品牌，然后掌控你的日常活动，帮助你实现你的品牌，追求你的梦想。布伦达将赋予你信任和尊重自己的权力，并用你自己独特的'洗发水'感染着你的世界和他人，以确保长期成功。"

约瑟芬·汤普森（Josephine Thompson）
国际教练联合会卓越认证教练

"如果你正在寻找一种在组织中取得成功的方法，这本书将为你提供一个积极定位自己的蓝图。本斯的书不仅可以帮助你准确定位和定义你独特的个人品牌，还可以帮助你有效地传播，从而提高工作与事业成功率。"

乔伊斯·L.焦亚（Joyce L.Gioia）
《如何成为雇主的选择》（*How to Become an Employer of Choice*）作者
国际注册管理咨询师协会

"现在，你可以利用大企业创造成功品牌的方式来打造自己，并把自己打造成赢家。在这本书中，布伦达·本斯，不仅分享了她作为战略营销人员的大品牌经验和技能，还分享了她作为一名成功教练的才能。这本书将帮助你创建你独特的品牌。立即阅读！它将对你的事业和个人生活方面产生重要影响，即取得最佳状态和优秀成果。汲取教训，逐渐成长，同时享受快乐。"

理查德·切尔尼亚夫斯基（Richard Czerniawski）
国际商业发展网络有限公司总裁兼创始人

"这本书富有洞察力和智慧，是通往事业成功的权威指南。本斯揭开了个人品牌的神秘感，将其带到了现实世界。对于任何想要充分发挥自己潜能的人来说，这本书都是一份很棒的礼物。"

黛布拉·法恩（Debra Fine）
《闲聊艺术与深谈艺术》（*The Fine Art of Small Talk and The Fine Art of the Big Talk*）作者/职业演讲家

"布伦达多年来一直遵循同样的原则来打造成功品牌，并使任何人都有可能在工作场所打造出同样成功的个人品牌。无论是在《财富》500强企业还是在美国企业500强公司工作的人，都应该阅读这本书！"

佩奇·阿诺芙芬（Paige Arnof-Fenn）
行家与巨头有限责任公司创始人兼首席执行官

"在这本书中，本斯将个人品牌提升到了一个全新水平。她运用了企业品牌精湛策略,一步一步地向你展示如何创建一个能给你带来更多金钱、更多认可、更好职位或更好职业的个人品牌。强烈推荐阅读!"

史蒂文·W. 格林(Steven W.Green)
雪佛龙公司政策、政府和公共事务副总裁

"如果你按照这本书中的步骤去做,你一定会从人群中脱颖而出。出色的洞察力和细致的计划将帮助你定义并成功地传播你的个人品牌,在企业环境中,这对成功至关重要。"

道格·拉斯(Doug Rath)
德伦思管理顾问有限公司主席

"布兰达·本斯为你提供了建立最重要的品牌(你自己的品牌)的理论和实践应用。她专业且切实可行的方法是非常吸引人的,当你阅读、学习和实施她的方法时,无疑会提升你的职业素养和生活水平。她是一位品牌专家,在建立自己品牌时,听从她的建议会很有帮助。"

布莱恩·瑞克(Blaine Rieke)
第一威斯康星信托公司(现为美国银行)原董事长兼首席执行官

"作为一名广告行业高管,我从事品牌策略方面工作多年,从未见过有人如此清晰而又如此全面地将个人品牌体系整合在一起。当你读到这本书的时候,你会发现,个人也可以借鉴营销人员创建企业品牌的相同品牌策略。通过这样做,你将创建自己强大的个人品牌,这将有助于提升你的个人形象……并影响其他人对你的看法。"

苏·戈弗雷博士(Dr.Sue Godfrey)
盛世长城国际广告有限公司亚太地区负责人

目录 CONTENTS

Start 成功从个人品牌开始

我们都一样：你是一个品牌 // 003

我们不一样：你的品牌，与众不同 // 011

Step 1 如何定位个人品牌

开始你的"个人品牌定位声明" // 025

品牌起跑线：定位你的受众 // 030

品牌方向：探索市场需求 // 044

品牌竞争力：提升可比性 // 053

品牌技能：挖掘独特优势 // 063

品牌信誉：塑造现在和未来 // 077

品牌特质：精确个人特质 // 084

完善你的"个人品牌定位声明" // 094

Step 2　如何营销个人品牌

开始你的"个人品牌营销计划" // 105

品牌信号：注意个人行为 // 110

品牌习惯：调整下意识的反应 // 117

品牌包装：打造深刻的第一印象 // 126

品牌发声：发挥声音的力量 // 138

品牌思维：描绘成功的蓝图 // 146

完善你的"个人品牌营销计划" // 159

Step 3　如何掌控个人品牌

品牌陷阱：时刻保持警惕 // 167

品牌克星清单：挖出并逐一击败 // 169

品牌进展：不断刷新里程碑 // 187

关于作者 // 193

致　谢 // 195

YOU™

Start

成功从个人品牌开始

我们都一样：你是一个品牌

> 听到有人这样说我就不禁担心："我干这个得干十年，尽管我真心不愿意，但未来我必定还是照这样往下干……"如此不切实际的想法，就好比把性事留到年老的时候再做，并非好主意。
>
> ——沃伦·巴菲特（Warren Buffett）

我的足迹遍布全球 80 多个国家，在这些地方的生活、工作和游览经历是我人生中一笔宝贵的精神财富。在此期间，我遇到了成千上万来自世界各地、各行业的人。从中我得到了一个真相：在追求幸福的途中，我们所追求的其实在本质上都是一样的。我们都想要获得同样的东西：生活美好、工作快乐、身体健康、家庭和睦、隽永友情，并最终在某些方面有所作为。

假设我们都是一样的，那么，为什么我又要来写一本关于个人品牌的书呢？这是因为，虽然本质上相同，但众生皆有属于自己的独特天赋和才能，就如同 DNA 一样。"我们是一样的，但我们又是独一无二的。"这是一个悖论。我们每个人都应该要学会的是，如何利用自身天赋和才能，来改善我们的生活、促进我们的事业，并为我们希冀的世界做出改变。我也相信，在开始思考如何有效地领导他人之前，人人都应该学会自我领导。这就是个人品牌的作用所在。

你听说过连环杀手吗？好吧，还是把我想象成一个"永动商标机"

吧,即我就是那种时刻想着品牌推广的人!作为一名企业营销人员,我曾在其商品遍布四大洲的宝洁(P&G)公司和百时美施贵宝(Bristol-Myers Squibb)公司工作过,有幸管理过许多知名品牌,如潘婷(Pantene)、海飞丝(Head & Shoulders)、沙宣(Vidal Sassoon)、碧浪(Ariel)、启尔(Cheer)和美赞臣(Enfamil)。我使用一套明确的流程和框架,数年间在世界各地定义、推广和建立品牌,这是一套企业营销人员专门为打造和传播品牌所用的流程和框架。

你也许并不知道会有这样一个过程的存在,不过,请相信我:一个伟大的品牌不会单单是因为偶然而变得伟大!品牌之所以能赚到数百万美元,是因其具有优秀的、战略性的营销人员来实施了这一过程。正是这个过程,成功的品牌才能生存下来,进而能在起起落落的经济环境中茁壮成长。

你不仅仅是一个品牌,而且是……

几年前,我积极指导过一些人,帮助他们实现自身目标和发展自我品牌。于是,我开始尝试将同样的公司品牌原则应用到人们身上。我采用了企业营销人员所使用的元素和框架,并对它们进行了调整,使之适合个人品牌推广,这样,我们作为个人,就能像成功的品牌在市场上蓬勃发展一样,在我们的职业生涯中茁壮成长。随着时间的推移,我逐渐完善了这种方法,直到它演变成我在这本书中分享的独特的个人品牌系统——这个系统将一步一步地引导你作为领导者建立自己的品牌。无论你是专注于领导自己还是领导他人。这就是你如何设计并有效传播"你"(YOU™®)[①],没错——"你"的品牌化。

多年来,企业营销人员使用这个系统建立了广泛成功的产品品牌,今

[①] YOU™®:品牌开发协会(BDA)国际有限公司的注册商标。

天，你或你的个人品牌，也可以在你的工作生活中应用同样的系统，来构建你的品牌。就像企业营销人员使用这种经过验证的系统，来打造像潘婷、苹果（Apple）或依云（Evian）等大品牌一样。

为你的工作带来新活力

我们都想过上好日子，并且享受工作，但统计数据显示，我们中很少有人能做到这样。研究表明，如今约75%的员工都对自己的工作不满意。你能想象吗？我们醒着的时候有超过一半的时间是在工作，但75%的人在工作时并不快乐！

如果你对工作并不像你希望的那样感到满意，那么，定义你自己的领导品牌可以帮助你重新开始享受你的工作。一旦你定义并明确了你在工作中所扮演的角色，以及你想要达到的目标——这就是个人品牌的全部意义，你的工作将有新的意义。知道你是谁，可以帮助你减轻早晨闹钟响起时的挣扎。是的，你可以在工作中得到快乐、满足和动力。

当你把工作视为自己打造品牌的机会时，你就会开始把职业生涯中的每一分钟都变得重要起来。这会给你的工作带来新的活力和目标。当人们问你做什么时，你就能满怀热情地回答这个问题。

抓住你职业生涯的方向盘

作家、励志演说家尼杜·库比恩（Nido Qubein）说过："生活不会给你想要的，它只会给你应得的。"种瓜得瓜，种豆得豆。所以，如果你想要一个更好的职业和更令人满意的生活，那就取决于你自己。你在工作上的成功取决于你的自控，而这种控制的很大一部分来自于学习如何掌握你的个人品牌。

不过，定义你的品牌只是这一过程的第一步。弄清楚你想要的品牌，然后却把它束之高阁，这就毫无意义可言了。为了让你的品牌更好地服务于你，你需要一个路线图来帮助你向他人传播你想要它代表的东西。这是你实现目标的方式，是让你的工作生活变得更好的路径；在你的职业生涯中，你想要掌握自我领导能力并成为他人的领导者，这就是教你如何抓住职业生涯方向盘的说明书，指引你去想去的地方。

相信吗，你已经拥有个人品牌了

当我在大会和公司聚会上谈论个人品牌时，经常会有听众说："听起来很有趣，但布伦达，谢谢，不用了。我不喜欢自我推销，我也不是领导者。我没有，甚至不想要一个个人品牌。"就在那时，我打断了这个发言，说："你已经有了一个。"

这是真的。你不需要坐下来考虑你的品牌，仅凭你在工作中的表现，你就被品牌化了。无论你是否领导他人，你都在领导自己。问题是：你是否拥有你想要的个人品牌？

如果你不控制你的个人品牌，并有意识地决定你想要怎样被了解，你可能会给人留下不利于你成功的印象。如果你有意识地管理自己的个人品牌，而不是让它随波逐流，你能实现自己的潜力吗？

不喜欢你现在的品牌？改变它！

许多年前，一位著名人士发现了他的个人品牌并不是他想要的样子。阿尔弗雷德·诺贝尔（Alfred Nobel）是一位生活在19世纪的非常成功和富有的瑞典实业家，他的两项发明——炸药和雷管（一种能使炸药从远处点燃的装置）使他得到世界的广泛认可，并从这两项发明中赚了数百万美元,过着富足的生活。

阿尔弗雷德的哥哥路德维希·诺贝尔(Ludwig Nobel),是一个同样出名的富商,也有很多成功的发明。阿尔弗雷德和路德维希就像是他们那个时代的比尔·盖茨(Bill Gates)和史蒂夫·乔布斯(Steve Jobs)。

1888年4月,路德维希·诺贝尔去世。但是第二天在报纸上出现的讣告被弄反了,其刊载的是阿尔弗雷德的讣告,而不是路德维希的。因此,阿尔弗雷德·诺贝尔有了一个匪夷所思的奇妙之旅:打开晨报,阅读自己的讣告。你能想象那有多震撼吗?

当阿尔弗雷德读到讣告的标题时,他一定吓了一跳。因为他所做的与炸药和雷管相关的工作,最终被贴上了"已故商人"的标签。那一刻,阿尔弗雷德意识到,他所做的一切都将永远把他的名字与死亡联系在一起——除非他能掌控并做些什么。

就在那天,诺贝尔奖的种子已然埋下。阿尔弗雷德不希望"诺贝尔"这个名字被"死亡和毁灭"取代,所以他制订了一个计划,为那些"给人类带来最大利益"的人设立一系列奖项。他将数百万美元遗产的大部分用于奖项的设立,最终确定包括物理、化学、医学、文学和和平等五个诺贝尔奖项[①]。

看看现在"诺贝尔"这个名字代表的意义——这是授予人类最高成就的最负盛名的奖项。你肯定听说过诺贝尔奖,但你可能不知道阿尔弗雷德·诺贝尔在他的一生中所做的其他工作。这是一个能够证明他成功地改变了自己的品牌的事实,最终使自己的名字能够代表他想要的东西。

同样的道理也适用于你。如果你对现在的个人品牌并不满意,那么你也可以改变它。正如作家卡尔·巴德(Carl Bard)所说:"虽然没有人可以重新开始,但任何人都可以从现在开始,创造一个全新的结局。"本书

---

① 诺贝尔奖项:现共设立六个奖项,文中提到的五个奖项是诺贝尔遗嘱中提到的五大奖励领域,第六个奖项诺贝尔经济学奖是由瑞典银行在1968年为纪念诺贝尔而增设的。

便可以帮助你打开一个全新的开始。

用"系统化"的方式来掌控你的品牌

既然你知道你已经有了一个品牌，那么是时候学习如何管理、控制它了。自从个人品牌出现以来，已经有好几本关于这个主题的书出版了。我在这本书中尝试做的是为你提供一个完整的系统，它涵盖了为自己打造一个个人品牌的所有可能方面。这本书超越了个人品牌的理论，将为你的品牌在日常工作中带来切实的应用。这是一本自己动手的、务实的指南，指导你树立自己的品牌，在工作中获得更大的成功。它很简单，易于阅读，已经在全世界数千个地方起了作用。

这本书的设计目的是为了弄清你的品牌是什么，以及如何让它为你工作。通过这个经过验证的循序渐进的系统，你将：

• 基于世界上最成功的产品品牌所使用的六个核心定位要素，用个人品牌定位陈述的格式来定义你自己的品牌。

• 通过领导的个人品牌营销计划来传达你的个人品牌，这将帮助你管理每天做的五件最能提升你的品牌的事情。

• 从别人的错误中吸取教训，避免损害你的个人品牌。这是此系统中最独特、最有趣的部分——我的个人品牌克星。这些将帮助你避开最常见的陷阱，建立你的品牌，这样你就能知道在你行进过程中需要注意什么。

• 使用第10页的"个人品牌有效推广路径图"，就像使用一张地图一样来理解这一个人品牌系统的每一步。如果你现在还不明白，不要担心。你会明白的，我保证。

我也会给你一些具体的工具来帮助你检查三个月后、六个月后，以及未来你的个人品牌的发展。你能找到一些方法来评估你的进步，这样你的品牌就会在你的事业前进的道路上形成助力。

当你读到这几页时，我希望你能体会到许多令你发出"啊哈！"的时刻——源于将自己视为一个独特的个人品牌的力量。我希望你能看到利用个人品牌之后，是如何在你的职业生涯中帮助你做出切实的改变。这些变化可以给你带来你一直想要但却不知道如何实现的成功，进而增加收入，提高工作满意度，加快职业发展。

输入 = 输出

掌控你的个人品牌是一种以行动为导向的、互动的体验，但你的个人品牌不会轻易地被你确定并发展。我可以肯定地告诉你一件事：在定义和传播你的品牌时，你所投入的正是你将从中得到的。在这个过程中投入的时间和精力越多，你的结果就会越快越好。

做好准备，当你负责你的个人品牌并成为你自己的品牌经理时，你会感到被赋予了力量。

个人品牌有效推广路径图		
个人品牌是什么	如何营销个人品牌	如何掌控个人品牌
外因 1.受众 2.需求 3.比较 内因 4.独特优势 5.原因 6.品牌特质	（反应/行动/想法/外表/声音 圆环图） 个人领导品牌简介 → 行动／反应／外表／声音／想法	个人领导品牌"克星" （反应/行动/想法/外表/声音 圆环图）
第一步	第二步	第三步

我们不一样：你的品牌，与众不同

> 品牌是鲜活的实体，它会随时间走向壮大还是趋于萎靡？这是由日积月累的无数微小行为决定的。
>
> ——迈克尔·艾斯纳（Michael Eisner），前迪士尼首席执行官

任何一本关于个人品牌的书籍，如果没能理解到品牌在我们现代生活中所起到的强而有力的作用，那么这本书就算不上是完整。《时代周刊》（*Time*）曾经报道过，一个生活在大城市的普通美国公民每天会遇到3000种不同品牌。当我第一次读到这个统计数据时，我简直不敢相信。但是，当我走在芝加哥密歇根大街上看着令人眼花缭乱的标志时，当我站在纽约时代广场上看到琳琅满目的品牌时，证据就呈现在了我的眼前。

事实上，每天看到的品牌数有3000个，这个几乎是可以确定的，而且我怀疑这个数字在今天还有可能会更大，这对世界上任何一个在大城市生活和工作的人来说都是如此。乘出租车从曼谷市中心到机场，数百个广告牌排成一行，或者当你走在伦敦超市的过道上，无数品牌扑面而来……

你想一想现如今，我们在产品标签、公交车侧面、出租车顶部或互联网上，看到了多少品牌？无论你往哪里看，品牌名称都会吸引你的注意。品牌无处不在，它们已经成为我们日常生活中的一部分，我们甚至可能完全忽略了它们。

虽然我们每天会遇到成千上万个品牌，但大多数的人，在我们大部分时间里，可能会仅仅忠实于少数几个品牌。毕竟，伟大的品牌建立了强烈忠诚度。你呢？你忠实的品牌是什么？比如，除了佳能（Canon）相机之外，你会不会考虑其他品牌？或者放弃使用吉列（Gillette）剃须刀而使用其他品牌？为什么？你最喜欢的品牌魅力是什么？这个品牌有什么东西是其他品牌无法取代的？

品牌也是可以非常大的，很具有影响力的。以可口可乐（Coke）为例，仅这一个品牌的年均销售额估计就有160亿美元，每个月超过10亿美元。这比86个国家的国内生产总值还要多，这影响力得有多大啊！

无法触及

那么，到目前为止我们知道什么？我们知道，品牌无处不在，它们可以创造出强烈的忠诚，它们可以变得强大。到底是为什么，为什么我会觉得品牌如此迷人？

更让人惊叹的是，品牌就是这样……然而，你却无法触及它们。你可以闻到星巴克（Starbucks）咖啡的香气，你可以尝到嘴里嚼着的曼妥思（Mentos）薄荷糖的味道，你可以听到微软（Microsoft）系统启动的声音，你可以感受到手中冰镇雪碧（Sprite）铝罐的湿冷，你可以看到麦当劳（McDonald）的金色拱门标志……但你无法触及一个品牌。产品的气味、触觉或视觉，实际上这些都只是这个品牌的代表。品牌本身实际上是无形的，它的力量只存在于你的头脑中。

这些无形的"品牌"能否真正地影响我们的行动和思考方式？让我们

来一探究竟。

强大的品牌形象

杰出的品牌就像人一样，它们有自己的个性和性格。为了证明我的意思，请你暂停片刻，环顾四周，然后找两个你所在地方可以看到的门口。在第一个门口，想象一下梅赛德斯-奔驰（Mercedes Benz）这个品牌，假如要把它比作一个人站在那里，奔驰品牌会是什么样的人？是男人还是女人？什么职业？穿什么？收入是低还是高？他/她最喜欢的消遣方式是什么？

现在，看看第二个门口，想象一下法拉利（Ferrari）这个品牌，再把它当作一个人站在那里，法拉利品牌会是什么样的人？男人或女人？什么职业？穿着会是什么样的呢，比起奔驰是会更正式，还是会更休闲呢？收入水平是高还是低？他/她最喜欢的消遣方式是什么？

比较两组问题的答案。你的答案会像大多数人一样，大相径庭。奔驰和法拉利都是高端汽车品牌，都可以实现驾驶运输功能，但是它们所代表的品牌形象是不同的。这是因为你对这两个品牌的感知、思考和感受都不相同。这些感知、思考和感受都是聪明的营销人员在你的头脑中精心创造出来的，他们懂得品牌的艺术和科学。

这就一目了然了。无论是产品还是个人，品牌都是一门艺术和科学。一方面，品牌吸引着你的逻辑，使你会理性地去思考它们，所以，这就是科学的用武之地。另一方面，品牌也是一门艺术，因为品牌可以引发你的情绪，使你对它们产生感觉。

思考

想一想那些已经赢得了忠诚度的品牌,或者让你想尽办法去寻找和购买的那个独一无二的品牌。你是否能利用自己的个人品牌来驾驭这种力量呢?你可以的,在工作中建立自己的个人品牌,可以帮助你在工作中获得这种影响力。

把人定位成品牌

我坚信,人类也能和产品一样成为一种品牌。拿一些我们耳熟能详的例子来说,比如名人。当你听到"阿什顿·库彻"(Ashton Kutcher,电影《蝴蝶效应》主演)这个名字时,你会有什么感知、思考和感受?当你听到"休·杰克曼"(Hugh Jackman,《金刚狼》主演)这个名字的时候,你会有什么感知、思考和感受?这两位演员都是各自电影中英俊的男主角,但他们创造了截然不同的感知、思考和感受,不是吗?现在,让我们把"成龙"放入画面……你对他也有不同的感知、思考和感受。

想想任何一位知名人士、歌手的情况又是什么样的呢?比如泰勒·斯威夫特(Taylor Swift)、Lady Gaga、阿黛尔(Adele)。同样,她们也都各不相同。这是因为每一个人都有一个非常独特的个人品牌,与其他品牌相比,这个品牌是自己拥有而且独一无二的。

"但是,等一下,布伦达,"你可能会说,"这些例子都是名人,他们有资金和手段雇用全职的形象专家来管理他们的个人品牌!"

公平一点说,你也不需要付出高价来得到帮助,从而定义和传达你的个人品牌。在本书中所分享的系统里,不需要给公关人员开支票,就能帮助你建立自己的品牌。它是为全世界数以百万计非出名人士所设计的，当然也不打算把他们的个人品牌变成全球知名品牌。为了实现个人职业目标，只需要在你的世界里定义好想要成为的自我形象。

个人品牌并不是你的全部

这个概念被称之为"个人品牌"，我喜欢将其定义为：

当你作为一个个体时，与其他个体一起，你希望被人们感知、思考和感受到的一种方式。

就像奔驰和法拉利这样的产品品牌存在于我们的脑海中一样，你自己的个人品牌存在于他人的脑海中，就像他们在工作中对其他人的感知、思考和感受一样。

让我们仔细看看这个定义，并关注三个关键词：感知、思考和感受（它们经过精心挑选是有原因的）。

感知：品牌中的感知是真实的。当谈到你自己的品牌时，你认为你是谁并不重要，重要的是其他人如何看待你。如果其他人感知到的你与自己真正相信的你有所不同，那么你很可能没有在传达你想要的品牌。

思考：品牌推广是一项相当理性的工作，所以我们的大脑与我们对品牌的思考有很大关系。我们选择一个品牌而不是另一个品牌是有合理、有逻辑的原因的。在个人品牌推广中也是如此——他人对你的思考是什么？

感受：品牌塑造也是一个情感过程。在本章的前面部分，你考虑过的那些多年来赢得你忠诚度的品牌，现在就停下来想一下其中的一个品牌吧。你对这个品牌有什么感受？信任？羡慕？感恩？我们与品牌建立联系，这些联系远远超出了产品实际为我们做的事情。我们对这些品牌的忠诚是基于情感上的联系，个人品牌也是如此。人们对你的感受如何，这对你的成功有着深远的影响。你与他人建立的联系越紧密，你的个人品牌就会越强大。

职场中的个人品牌

你仍然还是不相信普通人有自己的品牌？想象一下，在你现在的工作中，是不是有人总是积极愉快的，你每天早上都期待看到这类人并与其交谈。停下来想一想：你是怎么看待这个人的？你觉得这个人怎么样？他/她让你感受如何？

现在，想一下和你一起工作的另一个人，说实话，你真的不喜欢和这个人一起工作。这个人似乎会给你带来麻烦，会让你不舒服。你如何看待他/她？你觉得这个人怎么样？这个人让你感受如何？

你能看到这两个人的"品牌"有什么不同吗？他们的品牌与他们自认为是谁是没有关系的。基于你对他们的感知、思考和感受，他们的品牌存在于你的头脑中。如果他们没有花时间去定义他们最好的个人品牌，他们可能会以一种不同于想要被看到的方式来展示自己，从而严重限制了他们的成功。

个人品牌的体验

作为一个品牌的热情拥护者，我喜欢在企业品牌和个人品牌之间寻找相似之处。考虑到这一点，这里是最能说明创建一个强大的个人品牌重要性的一个地方。

看看你需花多长时间才能弄清楚下面我所描述的企业品牌：

• 根据福布斯网站上的一篇文章，目前该品牌在50多个国家拥有约1.8万家门店。

• 如果你还没猜出来，接下来的提示应该会有所帮助：每天早上，数以百万计的人都会去这家公司的一家门店买上一杯他们最喜欢的咖啡，进而开启新的一天。

是的，我说的就是星巴克。

对于历史悠久的传统咖啡产业来说，星巴克成了"游戏规则"的改变者。现在，关于星巴克品牌的谈论、报道和讨论，已经有很多了（我的意思是非常多），而且是有充分理由的。

但是，星巴克品牌的成功能否给你自己的品牌带来启示意义呢？下面是一篇基于《品牌周刊》（*Brandweek*）杂志文章的类比（带有反映当前价格的最新统计数据）：

• 当咖啡处于天然豆类状态时，它是一种每杯售价3~5美分的商品。

• 给咖啡加上包装和品牌名称，放在超市货架上，每杯价格上涨到10~50美分。

• 同样的咖啡提供服务和微笑之后［比如唐恩都乐（Dunkin' Donuts）咖啡连锁店］，每杯咖啡的价格提高到1~2美元。

• 还有就是星巴克，它在全球销售咖啡，价格从每杯4美元到8美元不等。想象一下，成千上万的人聚集于此喝咖啡，而这里的一杯咖啡要比其他任何地方贵近四倍的价钱。

星巴克是如何让我们花费这么多辛苦赚来的钱，并在消费的时候感觉良好的呢？因为它为消费者提供的不仅仅是一杯好咖啡，它还提供了一种可圈可点的咖啡体验。在星巴克，我们付钱是为了享受白天休息的乐趣，看着技术娴熟的咖啡师调制我们最喜欢的巧卡—洛卡—摩卡（我永远记不清这些名字），晚上出去和朋友们一起享受轻松的聊天时刻。

这就是星巴克与众多其他咖啡品牌的区别所在，以及多年来建立了如此强大的品牌忠诚度的原因，尽管它的价格更高。那么，这说明了什么呢？——人们愿意为更好的体验付出更多。

把这个道理运用到你自己的品牌中，意味着，如果你想赚更多的钱，在事业上取得进步，并担任更大责任的职位，你必须考虑你在工作中所提供的经验。想想看，你愿意和自己一起工作吗？成为你的同事、伙伴、老板或者你的直接下属会是什么感觉？这种经历会是怎样的呢？同样，关键在于人们对你的个人品牌的感知、思考和感受。

控制个人品牌

正如我之前所说，即使你不认为自己需要或者想要个人品牌，你都已经拥有了一个。你的品牌可能在那里默默发挥作用，在你甚至没有意识到的情况下创造关于你的感知。人们可能会以一种完全不同于你想要被感知的方式来思考和感受你，就像阿尔弗雷德·诺贝尔一样。我遇到的大多数人都觉得这个想法很有趣，而且还有点吓人。他们不喜欢这样的想法，即他们的个人品牌可能会在不知所措的情况下运营。

在本书中，关于你的品牌，他人的看法和你自己期望得到的看法之间有任何脱节，个人品牌系统都将帮助你发现并消除掉。在完成系统步骤时，你将回答的一些问题是：

- 如果你的个人品牌存在于其他人的头脑中，你如何控制它呢？
- 你能做些什么来确保你的品牌是你想要的？
- 你希望别人如何感知、思考和感受你？
- 你如何才能使你的个人品牌成为一个定义清晰、自己拥有的品牌？
- 你如何有效地传达你的品牌？

个人品牌三角环

请查看下图中的个人品牌三角环。这是我开发的一个概念，它可以帮助你了解你品牌的当前与期望之间的契合程度。

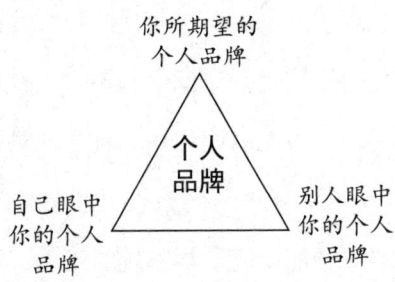

为了让你的品牌变得强大，三角形的三个点的所有描述都应该是一样

的。怎样才能清晰一致地掌握这三点都代表什么？接下来，你可以做"五个词练习"：

步骤1：坐下来问问自己："我会用哪五个形容词来形容自己在工作中的地位？"不要过度思考，但要从积极和消极两方面去思考。举个例子：有策略、勤奋、聪明、有团队精神、急躁等等。现在就把你的五个形容词写下来。

步骤2：问自己："我希望别人会用哪五个形容词来形容我在工作中的地位？"这是你所期望的个人品牌的基础。把这五个词也写下来，看看它们与第一组词有多少相似或不同？

步骤3：接下来，找一个你信任的人做你的"品牌大使"，并给他五至十名访谈对象名单（和你一起工作的人），让你的大使请这些人分享他们听到你的名字时脑海中浮现的前五个形容词，同时要求反馈者提供的答案是特定的单词而不是短语，这有助于确保练习结果简单易分析。顺便说一下，确保大使不会写下关于任何人的名字或笔记，匿名是这个练习的关键！对于这个步骤，所有的信息都必须保密。

步骤4：一旦你收到了所有反馈者编写的形容词列表，请花一些时间查看一下该列表。你看到了什么相似之处或趋势？哪些形容词是相似的或不同的？当你看到重复的单词时，你就会知道它们是你品牌的一部分。当你看到有不同的词语时，它可能表明你用某种方式对待一些人，又以另外一种方式对待其他人。注意：这种不一致性可能会导致个人品牌的混乱。

一旦你完成了这本书中的个人品牌系统的工作，你将会很好地调整个人品牌三角形中的三个要点。不管你已经取得了多大成功，你都有机会在工作中进一步脱颖而出。

正如星巴克的咖啡价格可以高于当地咖啡馆的标准咖啡价位一样，你也可以创建一个高级个人品牌，它能帮助你获得更高的薪水、更好的福利，或者让你在职业生涯中获得更高的认可度和满足感。

可以这样想：你的个人品牌就是你在别人心目中的形象。_____™是谁？在空白处填上你的名字，让我们开始吧。

YOU™

Step 1

如何定位个人品牌

开始你的"个人品牌定位声明"

> 我总是想成为别人,但我又觉得应该更加与众不同。
> ——莉莉·汤姆林(Lily Tomlin),喜剧女演员

现在你知道,你无法触及你的个人品牌,因为它根植于他人的脑海中。所以,如果你不能触碰你的品牌,那么又怎么才能控制和掌握它呢?这似乎是一项难以置信的艰难挑战,但是产品品牌已经在数百万消费者的脑海中成功地创造了多年,所以你也可以作为领导者完全控制你的品牌。关键在于,像所有成功的产品品牌一样迈出第一步:定义它。

事实上,你熟悉和喜爱的每个品牌都会使用六个定位元素来定义该品牌。管理这些品牌的营销人员是否了解这些元素,这一点并不重要。相信我,所有这六个元素都是每个品牌的重要组成部分,这是一个经得起验证的公式。

你已经问过自己一个问题:"_____(这里插入你的名字,即 YOU™ 的商标)是谁?"你可能会说:"我不知道该如何回答这个问题。"如果是这样的话,别担心。我们借鉴了这六个品牌的定位元素,设计了一个具体的公式,供世界各地的市场营销专家使用。这个公式将帮助你在工作中找到最好的个人品牌。

框架的力量

因为这个框架适用于我们每天都喜欢和使用的产品品牌,所以接下来我们将探讨如何将这些相同的元素应用于个人品牌。让我们来看看这个公式的六个要素。

品牌定义框架	
产品品牌	个人品牌
目标:当涉及品牌产品时,这就是"目标市场"。谁将购买这个产品,男士、女士、大学毕业生、高收入或低收入人士?他们的希望、梦想和恐惧是什么?他们对品牌或产品类型有什么态度?你可以通过了解他们对某特定品牌的行为方式知道些什么?	**受众**:与一个目标市场一样,你的"受众"是由那些你想用你的个人品牌影响到的人组成。也许你的受众是一个人,比如说你的老板;或者是一群人,比如说你公司的某个部门;或者可能是内部或外部的客户。你想用你的品牌来影响谁?
需求:目标市场需要什么?当公司创建一个品牌时,他们会试图对尚未填补的目标市场需求做出回应。或者,他们的目标是一种比竞争品牌更好满足需求的方式。	**需求**:例如,如果你的受众是你的老板,他/她需要什么?公司是否存在尚未填补的空缺?例如,你的老板可能需要有人帮他/她卸下肩膀上承担的某些责任。
竞争框架:在产品品牌方面,"竞争框架"指的是关注竞争对手的品牌。许多品牌都在试图引起人们的注意,那么是什么让你选择这个品牌而不是另一个?	**比较**:在个人品牌推广中,更多的是比较而不是竞争。满足受众的需求时,你的受众将会拿你和谁进行比较?

续表

品牌定义框架	
好处：一个产品品牌能为客户提供哪些具体的产品或承诺？就佳洁士牙膏品牌而言，它可以是帮助预防儿童蛀牙，让消费者感觉到自己是个好父母。	**独特优势**：在个人品牌推广中，你的独特优势就是你能带来的好处。与产品品牌一样，你的优势是你能为受众提供的具体承诺。
理由和原因：为什么目标市场会认为某个产品品牌能够实现其当初预期所提供的东西？这是一个品牌的"理由和原因"。它们可以基于许多品牌方面，比如其成分、市场体验、产品设计方式，或者可能是一个强有力的认可度。	**理由和原因**：为什么人们相信你的个人品牌能提供你所承诺的独特优势？为什么要来帮助你，证明你可以做到你说的一切？
品牌特征：把它看作一个品牌的"个性"。如果产品品牌是一个人，你会用什么词来形容它？	**品牌特征**：你的独特品牌特征是什么？把这看作是你的个性、压倒一切的态度和气质的反映。这代表了 YOU ™是什么的一个重要基础。

我把个人品牌定义框架中的六个元素分为两类：来自外部的元素和来自内部的元素。换句话说，前三个元素：受众、需求和比较，都与他人或某些事物有关。后三个元素：独特优势、理由原因和品牌特征，都与发生在你内心的事情有关。你可以通过第 10 页路径图中的第一步看到这一点。

你的个人品牌定位声明

当我们通过第一步来"定义它"时，你将获得工具来完成一份名为"个人品牌定位声明"的表单，该表单是使用第一步中的六个定位元素来制作的。这份个人品牌定位声明将向你展示如何定义真正的自己，重要的是：这就是将"你"变成"YOU™"的方式。

在接下来的每一章的末尾，你将能够完成定位声明的其中一部分，就像这里描述的一样。这本书的后半部分将向你展示如何营销，以及掌控你辛苦创建的品牌。

你的个人品牌定位声明

受众

我的受众是：

人口统计特征（有案可查的社会特征，如年龄、性别、收入、教育等）：

心理图形统计特征（更加全面的以心理为导向的人格特征，包括态度、心态等）：

关键行为（可观察的行为或行为方式）：

需求

我的受众的需求是：
功能：

情感：

比较

现在的身份：

期望的身份：我想成为（我希望被感知的方式）的品牌：

独特优势

我现有的独特优势是：

我想要的未来独特优势是：

理由和原因

我现有的理由和原因（为什么我的受众应该相信我能提供出我所具备的独特优势）是：

我想要的未来理由和原因是：

品牌特质

我的个人品牌特质（我希望我的个人品牌特征被感知，包括我压倒一切的态度、气质和个性）是：

当你完成了六元素公式和个人品牌定位声明时，你就准备好将 YOU™ 付诸行动了。撸起你的袖子，加油干！你的个人品牌正在等待……

品牌起跑线：定位你的受众

> 一切源于受众。事实总是如此。
>
> ——凯特·史密斯（Kate Smith），歌手

你的个人品牌是关于你作为一个个体，希望人们如何感知、思考和感受你，无论是作为自己的领导者还是作为其他人的领导者，都是谁在做感知、思考和感受呢？是你的受众。

当你在表演或演示时，你的"受众"并不一定是坐在剧院或会议室的。实际上，你的受众是你想要用你的个人品牌去影响的任何人。可能是某个人，比如你的老板、同事或客户；可能是一小部分人，比如会计部门、董事会或供应商的工作人员；可能是一大群人，比如你的销售部门或你所在领域的人际网。或者，当你在酒店宴会厅发表演讲时，可能会有上千人坐在那里。

在产品品牌中，目标市场（相当于受众）几乎总是包括"人口统计学数据"。这是什么意思？人口统计学数据是指有案可查的社会特征，如年龄、性别、收入、教育等。对营销人员来说，这是至关重要的信息。品牌经理定期进行人口统计学数据研究，以更好地了解他们的目标市场。无论目标对象是男是女、年龄大小、收入等级、城镇郊区，这些都是营销者需要追求的标准事实。

不幸的是，很多市场营销人员都止步于此，不再更进一步。但人口统

计数据只是品牌和市场营销的基础——冰山一角。

想一下：如果你真的想认识一个人，仅仅了解他/她的年龄、收入水平、籍贯就足够了吗？这些信息并不足以概括这个人。你只能触及皮毛，你不得不基于人口普查表格中读到的东西来建立你对那个人的所有假设。

这就是为什么最好的品牌塑造者会花时间深入研究的原因。他们想要更多地了解他们的目标受众，他们希望进入到那些购买自己品牌的人的头脑中，并了解其行为。在市场营销中，这称之为"心理统计特征"，它基本上指的是基于心理动力学的目标受众信息。简而言之，心理统计特征讲的是目标受众消费行为的形成因素。

你的个人品牌的受众将比普通产品品牌的目标市场小得多。这是好消息！但就像任何一个杰出品牌营销人员一样，作为一个个人品牌，你需要深入你的受众。你也需要知道是什么让他们如此，他们的生活在哪里，他们的态度和行为是什么，他们重视和关心什么，他们把精力集中在哪里。

这是至关重要的。因为只有了解受众，才能为自己定义一个可行的品牌。简而言之，对受众了解越多，你的品牌就越成功。这一步是你建立品牌的基础，关键是要把这部分做好，这样接下来的步骤才能顺利进行。

受众是谁？

你认为谁是你个人品牌的关键受众？记住：这些人最能直接影响你的事业——你最希望用你的品牌影响到的人。

受众很多吗？试试"代表性受众"

如果那些对你的职业生涯影响最大的人不是你的老板、CEO、客户或供应商的话，那该怎么办？如果你的受众是一个群体，比如你公司内部的一个部门或一群客户,那该怎么办?你怎么可能了解到每个人的人口统计特征、心理统计特征和行为特征呢?好吧,你不能。幸运的是,你不需要这样做。

相反,利用我所说的"代表性受众"。不要因为受众多而不知所措,想想这个群体中在人口统计特征、心理统计特征和行为举止等方面最具代表性的一个人。然后,把这个个体看作这一群体的代表。

例如,假设你的受众是你公司的财务部门,而且这个部门有60个人,你该怎么办?尽你所能去选择一个你认为最能代表这个部门的大多数人的人。假设财务部门的大多数人都是30多岁,已婚,住在城市郊区。他们往往以家庭为中心,积极参与社区活动,努力工作。写下所有你能确定的部门中大多数群体的特征。然后,将你所列的特征清单与在该部门工作的人员进行比较。哪个人最能代表整个群体?这个人就是你的代表性受众。

当然,这并不意味着你只和这个人交流,它只是意味着你将使用这个人的信息作为一种识别和概括你的受众群体特征的方法。代表性受众的观念非常有利于你的个人品牌定位声明,它会让你建立自我品牌的工作变得更容易。

思考

当你换工作或改变职业时,你必须了解新受众。即使你能保持现在的状态,你的受众也会不时地改变,比如当你换了一个新老板或者增加一个新客户的时候。

你有合适的受众吗?

我的一个具有个人品牌的客户——加文(Cavin),他是一位职业演说家,经常向大型集团企业高管和员工发表演讲。加文在他的祖国南非是一个非常受欢迎的演讲者,这可以从他一直被邀约的事实中得到证明,他甚至被要求连续好几年在同样的大会和会议上发言。在这些会议上,他的做法有点"不恭和顽皮",但他不同寻常的风格尤其受到人们的喜爱。他真的很喜欢激励人,而且他有能力让受众以不同的方式思考。例如,当其他职业演讲者穿西装打领带时,加文却穿着短裤、T恤和戴着棒球帽来到舞台上。他的棒球帽甚至成了他的象征——他跳出思维定式的标志物。

当加文决定要扩大自己的品牌并在国际上推广时,他首先咨询了一些专业人士,他经常与这些人会面,寻求建议和鼓励。这些专业人士认为,在南非之外,加文需要改变他的行为。他们不相信他的"疯狂行为"会在欧洲或北美也被广泛接受。加文认为他们是对的,但这对他来说并不容易做到。如果减少了顽皮个性,他还怎么忠于自我呢?他觉得那是他真正的核心——真实的自我。

在这段时间里,加文参加了在迪拜举行的全球演讲者联盟(GSF)大会,在那里他听到我谈论个人品牌。后来,他走到我面前,自我介绍:"救命——我的个人品牌完了!"当然,我笑了:"个人品牌没有稀碎的,它可能只是需要一些方向。让我们谈谈。"

加文和我一起工作了一段时间,仔细地定义了他的品牌,我们得出了一个关键的结论:他的品牌根本没有衰落——事实上,他的品牌正在蓬勃发展!他在南非很出名,也备受喜爱,因为他为自己开辟了一个独特的市场——这是一个令人兴奋的领域。

他的个人品牌面临的挑战并不是如何改变他正在做的事情或者评价他现在做得怎么样,而是需要更具体地明确他的受众。他可以保持自己在过去已经完善了的个人品牌,但他需要用一种方式来发现他的受众,使他能够迅速找到喜欢和渴望看到他的风格的人。诚然,幽默和不恭的个人风格并不适合某些公司或某些经理,但对另一些人来说,他会被视为一股清流。

这就是所谓的市场营销中的"小众策略"。加文不需要满足所有人的所有需求，他只需要辨别并找到需要他和他的信息的那些适合的受众。

这个故事的寓意是什么？如果你的个人品牌真正传达了你是谁，那就不要改变"你"的品牌！确保为你独特的品牌瞄准了正确的受众，不要改变正在起作用的东西。辨明那些真正欣赏你所提供的东西的受众类型，并找到他们。换句话说，永远忠于"你自己"。

更进一步深入了解

在电子邮件、VoIP网络电话、脸书（Facebook）、推特（Twitter）、照片墙（Instagram）、YouTube视频网站和微信盛行的时代，有时我们会觉得自己失去了与他人之间的联系。然而，要了解你的品牌的受众，还需要更直接的个人联系。世界上最优秀的营销人员在他们管理的品牌和目标市场之间建立了联系，你也应该对你的受众做同样的事情，以便有效地明确和传达你的个人品牌。

你可能会想："我并不是一个会读心术的人……我怎么才能知道老板的想法呢？"或"我怎样才能知道某个特定客户的详细信息？"要彻底了解你的受众，你不必学习心灵感应的艺术，但你必须要发问。人们喜欢谈论自己，虽然你不想用一大堆非常私人的问题来打断他们，但是你可以先问问他们喜欢什么，不喜欢什么，价值观是什么，他们对什么有激情，等等。

一切围绕受众

如果你是一个喜欢和别人交谈的人，并且很容易让别人敞开心扉，那么了解受众就很容易了。如果你很害羞，别担心。你必须稍微拓展一下自己，跨出目前的舒适区，你会发现，随着你越来越习惯于与受众交谈，你的自信也会逐渐增强。最重要的是，如果你把注意力集中在受众身上，你会弱化自我意识。换句话说，让一切围绕着他们，而不是你。

为什么人们每年都要花费数十亿美元在培训上？因为他们得到教练百分之百的关注。在一次辅导会议上，我把所有的注意力都集中在了我的客户身上。你生命中还有谁会这样做？当你和你的受众交谈时，你可能有一个微妙的动机去获取你需要的信息来更好地定义你的个人品牌，但是，如果你在谈话过程中对你的受众保持百分之百的专注力，那谈话肯定会很顺利。毕竟，谁会不喜欢这种关注呢？

当你和你的受众谈话时，不要急于把注意力转移到你自己身上。很有可能，你会惊讶地发现你经常会有这样的冲动，但是每次你把焦点转回到你自己身上，你就失去了更多了解你听众的机会。即使你听到了你认为不对的事情或让你生气的事情，也要咬紧牙关，继续专注于你的任务：获得关于你的受众的详细信息。

假设你已经准备好了问题，但是你无法与那个非常重要的人会面，那么在你和别人的谈话中，让一切围绕着受众。如果你让你的老板或同事知道你想要他/她的建议或意见，你就有更好的机会与他们展开对话。

这里有一个来自企业界的例子来证明我的意思。你打电话给潜在客户，邀请他们聚在一起讨论你的产品。如果他们认为这只是另一种推销说辞，他们可能认为没有理由同意开会。但是，如果你告诉你的潜在客户，你想安排一个会议，从他们那里得到关于如何改进你的产品，更好地满足客户需求的想法——Bingo！你成功召集这些会议的机会要高得多，因为你把开会的焦点指向了你的受众，现在这个会议是关于如何让你的潜在客户受益，而不是让他们的钱进入你的口袋。再说一次，一切围绕受众。

问题的力量

当我担任百时美施贵宝公司消费者部门负责国际营销的副总裁时，我们获批了一个花费高昂的研究项目，该项目旨在发现市场上新的医疗需求。我们设计了调查问卷，并聘请了一家研究机构，这家机构已经准备好采访数十名医生，以获取我们需要的信息。在项目开始前一周，我们得到了一个坏消息：我们的预算被总部削减了，所以我们没有钱进行这项研究。

问题是：我们仍然需要发现新的医疗需求。因此，我们开始集思广益，并提醒自己，我们的销售团队每天都在外地，试图把我们的品牌卖给那些本该接受研究机构采访的医生。解决方案变得清晰起来，但也有点冒险：把调查问卷交给我们的销售团队，让他们暂缓销售工作一天，来向医生询问我们的研究问题。这是我们第一次尝试这样的做法。所以，我们深吸了一口气，给销售团队发了电子邮件，然后等着看会发生什么。

事实上，这是我们所采取的最明智的措施之一。一个接一个地，销售人员写道："谢谢！谢谢你！"他们报告说，他们多年来一直试图让一些医生与他们开诚布公地交谈，但由于他们一直采用的方法都是试图推销产品，所以医生们总是守口如瓶。这一次，当医生们被问及什么对他们来说是重要的——病人的医疗需求——他们开诚布公地分享了我们需要的确切信息。此外，还收获了一些销售人员和医生的良好关系。

永远不要低估提问题的力量。它可以缩小差距，促进更清晰的沟通，并创造持久的联系。

寻找线索

假设你已经安排了一次会议，参加会议的人包括你的老板、同事或者代表更大群体的代表性受众。现在怎么办呢？你有一系列的问题要问，但你可能会因为提出这些问题而感到不舒服。

当你进入房间时，请稍等片刻。环顾整个房间，寻找一些能让你开启对话的线索。墙上挂着教育学位证书吗？桌子上摆着家庭合照吗？有摆放度假照片或艺术品吗？这些东西会给你一个开始对话的契机，也能为你提供一个了解对方性格的线索。一个恰到好处的问题，比如："我对艺术不太了解，但我真的很喜欢这件作品。你对那个艺术家了解多少？"这些令他们感兴趣的问题可以让你的受众敞开心扉。

一旦你建立了融洽的关系，你就可以开始问一些你为会面而准备的问题。当然，不要用你的问题轰炸这个人！在每个问题之后，让他/她给你更多的细节。这时候的倾听，会让谈话更顺畅。

有时候，你的受众可能只是对截止日期或个人问题感到紧张，所以没有时间见面。如果你找不到谈话的对象，不要勉强，晚一点再试试。

深度挖掘

如果提问题对你来说很不舒服，你可以简单地告诉对方，你正在努力定义你的个人品牌，你想征求意见和建议。这是一个开始问答过程的简单方法。当你向受众征求意见或建议时，这是一种自然而然的恭维。当有人向你寻求建议时，你也会因为自己的意见受到重视而备感荣幸？

你所听到的内容将会帮助你了解很多关于你的受众的信息，它也会给你机会去问更多的问题。保持开放客观的头脑，认真倾听。如果你要征求意见，请记录下别人的建议；如果你只是在谈话，那么就积极地专注于他所讲的内容，然后不时地做些笔记。

问，问下去

下面是一些你可以提的问题，这些问题能够帮助你更多地了解受众的人口统计特征和心理图形统计特征。不过，请记住，潜在问题的数量是无止境的。当你倾听的时候，要真正对答案感兴趣，这将帮助你在当下思考新的问题。

人口统计特征（可证明的社会特征，如年龄、性别、收入和受教育情况）
- 你住在哪里？
- 你在哪里上学？
- 你是生活在你从小长大的地方吗，还是搬到了一个新地方？
- 你在这个国家／世界的其他地区生活过吗？
- 你的教育程度是什么？
- 你怎么找到现在的工作的？
- 你干这项工作多久了？
- 你还做过其他职业（如果有的话）吗？

你还能想到其他与人口统计特征有关的问题吗？

心理图形统计特征（更多的心理导向的人格特质，包括态度、心态等等）
- 你生活的重点是什么？
- 你的职业与你的生活重点契合度如何？
- 你现在的职业生涯选择的背后原因是什么？
- 在你的职业生涯中，你渴望得到什么样的职位（如果有的话）？
- 你的教育背景对你当前的职业生涯起到了什么作用？
- 你去哪里旅行过？
- 你的爱好和兴趣是什么？

- 你如何打发业余时间?
- 你最喜欢的食物、音乐、运动……是什么?

你还能想到其他与心理图形统计特征有关的问题吗?

关键行为(可观察到的行为举止)

这是一个需要观察而不是直接提问的领域。注意你的受众的行为,并注意他们的行为所产生的影响。以市场研究员的身份,仔细观察你的受众。保持敏感细心,花点时间研究每个人的肢体语言,身体语言可以给你一些发现,帮助你更好地理解受众的想法和感受。

举个例子,假设你的受众是你的老板。他/她喜欢开很多会议吗?如果是这样的话,这说明了他/她什么样的个性呢?这是否意味着他/她总是喜欢知道团队在做什么?或者,他/她只是需要通过这些会议来让自己感觉到有组织和与时俱进吗?他/她如何主持会议?他/她是否有既定的议程,让每一次会议都具体化?

成为一个有创造力的侦探

通过在搜索引擎中输入名字来搜索你的受众的信息,你发现了什么?是有关这个人的文章,还是这个人写的文章?这些文章从人口统计特征、心理图形统计特征和关键行为的角度告诉了你受众的什么信息?

领英(LinkedIn)、脸书和推特等社交网站是很好的信息来源。搜索你的受众的个人资料,阅读你能找到的一切。例如,领英上其他人对你的受众的推荐可以给你一些线索;推特和脸书可以向你提供此人在工作之外的兴趣爱好等相关信息。

了解你的受众是具有一定挑战性的,但不妨这样看:人类是迷人的。

这就是为什么我们看小说和电影，我们都喜欢关于人的优秀故事。把你受众的生活想象成一部电影，假装你正在一点一点地观看它。你对一个人了解得越多，你们的关系就越深，你就越能根据你最想影响的人的特征来定义你的个人品牌。

你的个人品牌定位声明

现在，你已经准备好开始完成你的个人品牌定位声明了。为了帮助你完成这一过程，我将与你分享两个例子：两个不同工作和背景的人的个人品牌定位声明。通过每一章的学习，你将看到这两个人如何完成他们的定位声明的每一部分。这些例子也可以帮助你理解定位声明是如何发挥作用的。让我们从凯瑟琳开始。

案例研究——凯瑟琳·约翰斯顿（Kathleen Johnston）

凯瑟琳在可口可乐罐装联合公司担任市场部经理。当公司新产品线的销售放缓时，公司从外部聘请了她的新老板约瑟夫·克赖斯（Josef Kreiss）。现在，约瑟夫正着眼于能够迅速带领他的营销团队开发出新产品、新品牌。

凯瑟琳的个人领导品牌定位声明
我的受众包括
人口统计特征：（可证明的社会特征，如年龄、性别、收入、受教育情况等）
约瑟夫·克赖斯，49岁，新聘的首席营销官和老板的资深员工。约瑟

夫在饮料营销方面有丰富的经验，并且在业界享有很高的声誉，因为他推出了能够开创事业的新产品。事实上，他在可口可乐罐装联合公司的使命是加速新产品的开发过程。他平均每天工作12个小时。

心理图形统计特征：（更多的心理导向的人格特质，包括态度、心态等）

约瑟夫对市场营销充满热情，尤其是在新想法、新产品、促销方式等方面。他需要完成岗位任务，也必须会玩办公室政治游戏。换句话说，他需要与其他职能部门负责人保持良好的关系，同时推动他们更快地完成新工作。约瑟夫相信他有能力发展出高潜力的想法，并激励他的团队达到更大的目标。他认为自己是"球员教练的赢家"。

关键行为：（可观察到的行为举止）

约瑟夫不太喜欢开会。事实上，他认为大多数会议都占用了宝贵的创意时间，所以他更愿意保持开放的态度，在大厅里来回走动。他经常顺道询问团队的其他人（有时甚至是下属），看看他们有什么想法冒出来，听一听他们的行动计划是如何进行的。作为公司的新人，约瑟夫需要一个他可以真正信赖的高级市场营销人员作为公司的变革推动者。一个强大的"市场副经理"似乎是标准配备，约瑟夫可以通过在董事会积极支持副经理的建议来更快更顺畅地实现他的目标。

案例研究——埃里克·张（Eric Chang）

埃里克今年26岁，是哈德逊（Hudson）国际银行的分行副经理。自从四年前获得金融本科学位后，他就一直在此银行工作。当被哈德逊聘用时，他被安排在管理发展计划中，这是一个轮岗的、快速的在职培训计划，让高潜力的新员工接触到银行所有的主要职能部门。埃里克目前负责小企业和低风险个人贷款，他的下一个可能的发展将是晋升为个人理财顾问。这是一个很好的职位，可为埃里克未来成为分行经理做好准备，并促使其最终进入银行更高的管理层。

埃里克的个人领导品牌定位声明
我的受众包括

人口统计特征：（可证明的社会特征，如年龄、性别、收入、受教育情况等）

艾丽西亚·戈麦斯（Alicia Gomez），40岁，已婚，没有孩子，拥有金融和市场营销学士学位。她是哈德逊银行规模最大的分行的经理，这份工作她已经做了将近十年。她大学一毕业就开始了自己的职业生涯，当时她是当地一家银行的出纳员，几年后，她跳槽去了一家有竞争力的国际银行，加入了分行经理发展计划。哈德逊特别聘请艾丽西亚负责他们位于郊区的第一个分行。从那以后，她和她的团队一直是哈德逊团队的顶尖人才。

心理图形统计特征：（更多的心理导向的人格特质，包括态度、心态等）

关于艾丽西亚，有一件事是很明确的：她渴望卓越——不仅仅是为她工作的人要卓越，她自己也要卓越。你可以说，她是一个以出色的工作和周到的服务为荣的"追求完美的完美主义者"。她认为，她的团队的表现仍然可以达到更高的水平。因此，艾丽西亚为哈德逊的管理人员树立了一个很好的榜样。她绝对相信"顾客为王"，确保每个顾客不仅仅是一个数字。艾丽西亚每天都在通过规范自身行为向团队示范着这种对顾客的尊重。

关键行为：（可观察到的行为举止）

艾丽西亚绝对是一个"目标管理"型的领导者。她和团队成员一起坐下来，就项目和个人发展目标达成书面一致。她和团队成员一起定期回顾这些项目和任务，以确保达到更高的绩效水平。她还在一年中为团队举办了多次培训研讨会，其中一些研讨会由她自己领导，另一些则由当地的商业领袖领导。尽管从技术上讲，哈德逊的员工每周的工作时间是固定的，但艾丽西亚"不管花多少小时"都要提前完成工作，满足客户的所有需求。她给人的印象并不是一个工作狂，而是一个真正追求卓越的人。基于她的职业道德，艾丽西亚只提拔那些表现出对出色工作与服务具有类似热情，且非常可靠的人担任个人理财顾问。当她能够提拔具有这些特质的人时，她会为帮助团队成员实现更高的目标而感到自豪。

你的个人品牌定位声明

明白我的意思吗？现在轮到你了。把受众的名字以及你所发现的那个受众的人口统计特征、心理图形统计特征和行为举止汇总到一起。你的受众可能包括你的老板，一个重要的内部客户，一个同事，或者可能是代表性受众——你觉得最能代表一个更大的受众群体的那个人。

你的个人品牌定位声明

我的受众包括

人口统计特征：（可证明的社会特征，如年龄、性别、收入、受教育情况等）

心理图形统计特征：（更多的心理导向的人格特质，包括态度、心态等）

关键行为：（可观察到的行为举止）

仅仅知道你的受众是谁是不够的。你还必须知道你的受众需要什么。这就引出了下一个定位元素。

品牌方向：探索市场需求

在你打算制造更好的捕鼠器前，最好先了解下是不是有老鼠。

——约吉·贝瑞（Yogi Berra），职业棒球运动员和经理

品牌市场人员最好先确认好了人们对更好的捕鼠器有需求后，再开始研发更好的捕鼠器。否则，没有市场需求，最后只会造成捕鼠器供过于求。

个人品牌也是一样。这就是为什么在定义你的个人品牌时，你需要把收集到的所有关于受众的信息汇总起来，弄清楚他们需要什么的原因——这是一切的核心。

解决问题

需求是每一个存在于市场上的产品品牌的重要组成部分。我们指的需求是什么？一个聪明的营销团队用三种方式来看待耐克（Nike）或雀巢（Nestle）等品牌的需求。

- 需要解决方案的问题。
- 目前在市场上未能充分解决的问题。
- 一个我们甚至不知道的新问题。

下面是一些品牌的例子，它们为这些问题提供了答案。

- 佩珀特洗发水（在一些国家被称为 Wash & Go 或 Rejoice）是第一个使用了"洗护一体"的品牌，它满足了什么需求？为了满足人们早晨快速出门的速度性和方便性的需求。
- 当苹果（Apple）发现消费者需要一台用户体验感更好的电脑时，它开发了 Mac 电脑。
- 伟哥是第一个解决勃起功能障碍问题的药物。

那么，目前还有没有尚未被很好满足的需求呢？这是一个跟约吉·贝瑞"更好捕鼠器"谚语相关的例子。

- 吉列发明了一种剃须刀可以让你更近距离地剃须。
- 高露洁牙膏（Golgate Total）是第一个只用一种配方就能满足多种口腔护理需求的牙膏。
- 虽然伟哥可以治疗勃起功能障碍，但艾力达做出了更好的产品，其药效能维持 24 个小时。
- 希爱力公司又满足了市场的另一种需求，该公司宣布，它可以帮助患者勃起 36 个小时，从而使这种药物被称为"周末药"。"这是一个更好的捕鼠器吗？"

还有一些是我们甚至不知道、还未被发现的需求。谁会知道我们需要随身携带那些能容纳我们可能想听的歌、视频、播客等的小玩意儿？苹果做到了，所以它创造了 iPod。

同样，许多年前，有一个叫霍华德·舒尔茨（Howard Schultz）的年轻人，是一家小型咖啡烘焙公司的市场总监。他曾经参观了意大利的几家咖啡馆，注意到他们给顾客提供的不仅仅是咖啡。这些咖啡馆给人们提供一个地方，让顾客可以在那里待上很长一段时间，随意交谈。顾客们不会因为占座而被催促，他们可以一起放松，共度美好时光。舒尔茨看到了一种世界上大多数人甚至不知道其存在的需求，于是星巴克诞生了。

当你的受众需求改变的时候

乔纳森（Jonathan）是瑞士一家规模虽小但发展迅速的欧洲工业服务公司的 CFO。老板拥有这家公司，乔纳森是二把手。在他工作的五年里，随着他和他的老板对三个邻国的其他工业服务公司的谈判和收购，公司的员工从 50 人增加到 425 人。乔纳森享受这种快速的节奏，习惯不停地旅行并精于生意往来，他认为这就是从欧洲工商管理学院（INSEAD）获取 MBA 的意义所在。

这家公司做得非常好，并且，乔纳森和他的老板将迎来的是，他们的公司被一家大型国际银行以数百万美元的价格收购。这给乔纳森带来了新的体验，比如与精明的投资银行家共事。乔纳森也是公司的小股东，所以他从公司售卖中获得了一笔不错的一次性付款，这是他经常工作 15 个小时应得的奖金。

然而，在公司被出售几周后，乔纳森注意到他与老板的关系开始恶化。他的老板开始冷嘲热讽地说乔纳森没有达到预期的水准，还指责乔纳森没有按时完成报告和其他任务。这种情况持续了一段时间，直到有一天，乔纳森被老板叫到办公室，在那里他得到了这个消息——"你被解雇了。"

为了确定到底发生了什么，我和乔纳森坐下来，构建了他的个人品牌定位声明。我们很快意识到乔纳森的受众（在这个例子中就是他的老板）因为公司的出售而产生了新的需求。在出售之前，乔纳森的老板是公司的完全所有者和主要股东——发号施令，希望扩大业务，收购其他公司。现在，乔纳森的老板只是一家大银行的一名员工，负责为新老板带来收入。乔纳森的受众对首席财务官的需求从具有创业精神、精于商业转变为更善于实际操作。银行需要一位能够满足新加入的传统投资人需求的首席财务官，来进行稳定的日常财务会计工作管理。因为乔纳森没有注意到这种变化，也没有人要求他做出调整，所以他的努力不再能满足受众的需求了。

幸运的是，乔纳森在一家新公司里找到了另一群受众，他们能够欣赏并受益于他快节奏的金融悟性，这让他能够继续以自己最快乐的方式工作。但是这个故事的寓意是：保持警惕——虽然你的受众没有改变，但是受众的需求可能改变了。

功能和情感

在品牌世界里，目标市场的需求有两种形式——功能和情感。

什么是功能需求的例子？佳洁士牙膏（Grest）有抗蛀牙的功效，佳得乐（Gatorade）满足你运动后解渴的需要。这两个例子都是物质的，但功能性需求也可以是非物质的，且仍然是有形的，比如对更小、更轻的数码相机的需求。

另一方面，情感需求——正如你猜测的一样——与感觉有关。因为佳洁士可以保护孩子的牙齿，它还能满足你的情感需求，让你觉得自己是个好家长。安联（Allianz SE）意外保险政策能让你安心，因为你知道，一旦发生抢劫或火灾，你所有的财产都可以得到偿还。

哪种类型的需求是最重要的——功能需求还是情感需求？答案是：两者都有！最好的品牌都是为满足这两种需求而设计的。事实上，正是这种强大的组合造就了最成功的品牌。以下是一些例子。

- 气泡纸

功能需求：在运输过程中保护易碎物品。

情感需求：让你百分百确定你送给朋友的结婚礼物将会完整送到，而不是成为碎片。

- 伟哥

功能需求：嗯……你已经知道了，对吧？

情感需求：让男人的脚步重新跳跃，因为两性关系又恢复正常了。

- 星巴克

功能需求：给你一杯味道更好的咖啡。

情感需求：给你一个值得的咖啡体验，你可以随时休息一下，在舒适的沙发上享受美味的奖励，用 Wi-Fi 查看你的电子邮件，和你的朋友一起悠闲地聊天。

星巴克的情感需求具有很强的吸引力。想想看：如果星巴克只是满足了顾客对一杯味道更好的咖啡的功能需求，那么它可能永远也不会取得如此巨大的成功。毕竟，外面有很多不错的咖啡。

正如这些知名品牌确保满足目标市场的功能需求和情感需求一样，你作为个人品牌经理的职责就是确保满足受众的功能需求和情感需求。那么，这些真实可信的品牌理念究竟如何应用于你的个人品牌呢？

工作中的功能需求

首先，就像任何一个优秀的品牌经理一样，你需要了解你的受众的功能需求。在个人品牌中，功能需求通常被描述为你所扮演的角色，即你在工作中提供的服务。你可以把它看作是你的职位头衔对应的职责描述中所列出的任务：税务会计、人力资源经理、运营专员、财务总监等等。换句话说，你被雇佣来做什么？如果你是一名办公室经理，你要注意到受众的这些需求，比如高效的办公室运作、所有机器的正常运转和维护、新招聘的行政人员、保持充足的物资储备等等。

功能需求也与你的知识、经验和专业技能有关。如果你是一名平面设计师，你会自然而然地认为你有创造力。如果你的职位是公关总监，不用说，你会有一份完整的联系人名单，上面有许多重要的联系方式。

工作中的情感需求

但是你如何运用情感需求呢？我们再来看看这些著名品牌。当你年复一年地忠于某个特定的品牌时，你已经超越了一个品牌所能为你实现的功能或物质需求。你已经进入了"品牌领地"——一个品牌与你建立了真正的情感联系的地方。例如，在一段时间后，一个我的个人品牌研讨会的参与者承认，她对欧莱雅（L'Oreal）护肤霜非常喜欢，以至于说："当我死去时，他们不得不从我冰冷僵硬的手指上撬开它！"这就是一种强烈的情感品牌联系。

以我为例：20多年来，我每天都在使用同一牌子的牙膏。从时间久远来看，我和我丈夫结婚才15年，所以，从数据上看，我和牙膏的关系比和我丈夫的要长久！当你能与你的受众建立起那种情感联系时，你就会知道你已经创造了真正的品牌忠诚度。

好吧，所以你不是一个牙膏品牌，这就是为什么当你创建想要的个人品牌时，你更容易与受众建立情感联系。你是否有过这样的经历：公司里的某个人或附近部门的某个人不断找你，要求你为他们做更多的工作？这很可能是你满足了对方的情感需求，让他们感觉可信可靠。你所能满足的功能需求就是你工作的实际内容，但更重要的是，这个人知道你会一次又一次地按时交付高质量的工作。就像我最喜欢的牙膏一样。

你能满足什么需求？

功能需求。首先，考虑一下你在工作中需要完成哪些功能需求。这些将由你常做的工作类型组成。你的工作描述上列出了哪些任务？你的工作职责是什么？列出你能满足的所有可能的功能需求。

情感需求。你的受众的情感需求是什么？看看下面的列表，你认为你的受众最需要的是什么？你还能在这份清单上增加哪些情感需求？

信任 诚实 真诚 智谋 同情 鼓舞
创造 自立 勤奋 干劲 尽责 自信
可靠 活力 幽默 灵活 进取 奉献
客观 坚韧 彻底 乐观 耐心 尽责
想象 多才 毅力 宽容 强烈 合作
热忱 信服 果断 忠诚 可靠 信诺

一旦你有了一个完整的清单，想想哪些需求是受众最想从你这里获取的，然后选择你认为的前两种或前三种。

你可以通过自己的观察发现未被满足的需求，但你也可以直接问你的受众需要什么。你可能会问："你需要我做什么才能让你的工作更轻松？""你有什么问题是我可以解决的？"你不必要求受众把他们的需求分成功能需求和情感需求，一旦你有了他们的答案，你就可以自己对他们分类。但是你的主动和乐于助人已经证明了你足智多谋、善于合作。

此外，要考虑为了满足受众的功能和情感需求，需要什么水准的专业技能或知识。例如，根据工作性质，一名高级税务会计师与刚从大学毕业的新聘税务会计师相比，需要满足不同的需求。你是否有必要的经验来满足受众所需，或者你是否应该接受更多的培训？你的受众可能有一些你无法满足的需求，这没关系。你的工作是找到你能满足的和你想要满足的需求。

你的个人品牌必须符合你的经验、知识、才能和专业技能。不要试图改变自己，就像不要拿一个方块去与一个圆洞匹配一样。一旦你了解了受众的需求，在保持对你自己和个人品牌的忠诚的同时，你可以定义你的个人品牌将如何满足这些需求的一个或多个。

你的个人品牌定位声明

那么，你的受众需要什么呢？让我们和我们的两位同事——凯瑟琳和埃里克一起，看看他们是如何完成自己的个人品牌定位声明的。你可以使用他们的声明作为指导，帮助您完成您自己的声明的需求部分。

凯瑟琳的个人品牌定位声明

综合饮料市场经理

我的受众的需求是：

功能：

一个极富创造力和自信的高级市场营销人员，她可以承担新产品开发变更代理的角色，这样约瑟夫和他的创新团队就可以为综合饮料（Consolidated Beverages）提供成功的具有新创意的产品。

情感：

可以信任约瑟夫，他可以承受伴随任务而来的打击，而不会气馁。

埃里克的个人品牌定位声明
哈德逊国际银行的分行副经理

我的受众的需求是：

功能：

一个"可靠先生"型的个人理财顾问，担任分行的二把手。他是一个值得信赖的人，不管需要多少时间，他都愿意工作；他不仅在客户服务方面树立了卓越的标准，并且在共同激励整个团队方面很有方法。

情感：

在看到哈德逊年轻的后起之秀们表现得比他们有时认为的还要出色时，感到很自豪。

希望这些例子能帮助你，将所学到的关于受众需求的知识应用到你自己的个人品牌定位声明中。你能在何种程度上满足受众的需求，它如何能帮助你突出你在工作中所能提供的？

你的个人品牌定位声明
我的受众的需求是：

功能：

情感：

品牌竞争力：提升可比性

> 有时你不能清楚地看到你自己，直到你通过别人的眼睛看到自己。
> ——艾伦·德杰尼勒斯（Ellen Deaeneres），脱口秀演员和主持人

你将个人品牌的"受众"和"需求"定义好之后，接踵而至的是"比较"。它在六个定义你品牌的关键要素中排第三位。此章结束，你将完成你个人品牌定义的一半内容。

还记得我是如何定义个人品牌的吗？这是一种方式，是一种你希望人们如何感知、思考和感受你作为领导者与其他领导者的关系方式。"比较"元素是"与其他领导者的关系"部分发挥作用的地方。

对于管理大品牌的营销人员来说，这个元素被称为"竞争框架"。这是因为各个品牌在市场上相互竞争，以分享利润。例如，世界上洗发水的购买者就只有这么多，潘婷和夏士莲（Sunsilk）分别在洗发水市场中占有一定的份额。每个品牌制造商都将寻找新的方式来制作他们的洗发水，让自己的市场更大，缩小竞争对手份额。

但在个人品牌推广中，没有"市场份额"这一说。因此，这就是个人品牌从本质上不同于产品品牌的地方。

"比较"优势

在个人品牌的塑造中,假如你有一块蛋糕,也并不意味着你已经拿走了别人的那部分。因为作为人类,我们比一个产品品牌有更多维度。我们每个人都是独一无二的,你是一个完整的个体,由你来定义自己特定的个人品牌,定义它将在你的职业生涯中扮演什么样的角色,以及你在工作场所的自我领导力。

让我们再来分析一下名人,你就会明白我所说的。是的,阿什顿·库彻和休·杰克曼有可能会在同一部电影中角逐同样的角色,但他们会为这个角色带来完全不同的东西。你可以看到为什么个人品牌不仅仅是涉及竞争,而且涉及"比较"。

然而,你的个人品牌与他人的关系是存在的,所以无论你做什么,"比较"都是你如何定义它的内在部分。但你到底是和谁在进行比较呢?答案是:当受众有必须要满足的需要时,你的受众可能会考虑到的所有人。例如,如果你提供税收建议,你可以选择其他的税务会计师来代替你做这份工作吗?不要忘记情感需求的重要性。如果两个税务会计师同样擅长满足功能需求,你的受众就会选择最能满足情感需求的会计师,比如最可靠的会计师,或者他是最能干的。

为让自己拥有"比较"优势,你能做些什么?

你的个人品牌比较

如果我问你:"喜力(Heineken)是什么?"你会回答:"是啤酒。"在品牌塑造中,品牌是什么,或者你如何看待这个品牌,通常被称为品牌的标准身份。例如:

- 尼康（Nikon）是……照相机。
- 李施德林（Listerine）是……漱口水。
- 哈雷戴维森（Harley-Davidson）是……摩托车。

同样，在个人品牌方面，你很容易陷入这样的陷阱：仅仅把自己看成职位头衔或工作描述的样子。你是一个：

- 人力资源主管？
- 销售代表？
- 媒体协调员？
- 财务总监？

但是这些名称并不能告诉你很多。它们只是冰山一角。

品牌的"感性竞争框架"

还有什么比"销售代表"这样的个人品牌更有特色的呢？这个标签并不会让你脱颖而出。这就是为什么你需要创造出我称之为"所需理想身份"的原因。这个身份会让你超越一个普通的职业头衔。这一切都是关于如何创造性地看待自己，以及如何将自己与同一职位的其他人进行比较。

伟大的品牌管理者会用他们管理的品牌来做到这一点。如果喜力只把自己定位为"啤酒"，那么它的销量就不会很好。如果尼康只是一个相机制造商，那么为什么人们会选择它，而不是其他品牌呢？

理查德·车尔尼亚夫斯基（Richard Czerniawski）和迈克·马隆尼（Mike

Maloney），两位是我的营销同事，也是美国公司品牌发展网络国际的合作伙伴，他们将人们选择购买这一品牌而不是另一个的过程称为品牌的"感性竞争框架"。以下是一些知名产品品牌的感性竞争框架的例子：

星巴克不仅仅是一家咖啡餐厅，它还是一种有益的咖啡体验。

佳得乐不仅仅是一种解渴的饮料，它还是终极的液体运动装备。

士力架（Snickers）不仅仅是一块糖果，它还是一种对没到饭点就饥肠辘辘的满足。

麦当劳不仅仅是一家快餐店，它还是一个有趣的家庭式用餐地。

扩展你的思维

让我们从另一个角度来看待这个问题，比如：

什么时候苹果不是水果？

如果你把苹果看作是一种水果，那么你自然会把它与其他水果如葡萄、香蕉或橙子进行比较。

但是，如果你把一个苹果看作是"一种便携式的即食享用零食"呢？（当然，这是真的！）如果你这样做了，那么苹果就可以和其他零食如饼干、格兰诺拉（Granola）燕麦卷和薯片进行比较。

现在，让我们把苹果想象成一个"日常健康护理提供者"（指的是"一天一个苹果，医生远离你"）。如果你以这种方式想到一个苹果，那么就可以将它与维生素补充剂、运动和充足的睡眠进行比较。

但是等等！你也可以把苹果看作是"一个漂亮的桌面装饰"（如果你能看到我母亲的餐桌，你就会知道这是真的）。这样看，你也可以把它与蜡烛、鲜花进行比较。明白了吗？

如果你能让你的受众以同样的方式思考你,你就有可能满足你从未想过的各种需求。这可以帮助你在职业生涯中取得进步,即使其他人似乎拥有更好的资历和经验。这是一个"比较"的优势。

个人品牌的理想身份

想一想,你想被怎样看待?展开你想象的翅膀吧,你怎么才能改变别人对你个人品牌的感知,比如说,如何从一个"商店经理"转变为"负责掌柜"的理想身份呢?如果"负责任的态度"是你的受众所需的一种重要的情感需求,那么,你能让你的受众以这种方式思考你,你就会拥有各种各样的可能性和机会。"负责掌柜"将成为你个人品牌的理想身份。

以下是一些其他潜在理想身份的例子:

• "做得好"——当你的部门面对挑战时,人们会把你当作"亲密者"。你是他们完成任务所依赖的人。

• "连接者"——你是社交达人,且了解每项任务的完美人选。你只需要五分钟检查一下你的联系人名单。

• "压力释放者"——当压力很大时,你的同事总是指望你讲个笑话,让每个人脸上洋溢着微笑。

• "创新者"——当需要一个新想法时,每个人都会来找你想象和创造。

• "发电机"——当需要能量和韧性时,你是第一个被想到的人。你会让每个人都保持积极性和目标,直到工作完成。

• "精确人士"——当某件事从第一次做对,直到最后一个细节,每个人都知道你的工作将是细致和严格的。

这些只是一些可能需要的身份。你能想出什么其他方法来突出你的特长？拓宽思路，直到你想出多种可能的方法，让你的思想在没有审查的情况下疯狂地运行。你永远不知道宝石何时会浮出水面。

这样想，然后填空：

我不只是一个商店经理，我是一个"负责掌柜"。

我不仅仅是一个＿＿，我还是一个＿＿。

定位你的个人品牌

一旦你发挥了你的想象力，你如何决定哪一个理想身份适用于你的个人品牌？回到你的个人品牌定位声明的需求部分，你的哪个潜在理想身份能满足你的受众需求，听起来也最让你兴奋？

当你做出选择时，不要认为它们必须被固化。当你完成你的个人品牌定位声明中剩下的三个要素时，你可能会发现你想要调整你的理想身份，这很好！然而，就目前而言，做出一个选择，将推动你在创建个人品牌的过程中前进。

和你的品牌玩得开心！

南希（Nancy）是一名高级管理人员，在她的个人品牌定位声明中，她将自己的理想身份定义为："我不仅仅是一名高级管理人员，我还是办公室管理团队的'瑞士军刀'。"

虽然南希可能永远不会真正地向任何人表达这个标签，但她还是很有兴趣地想出了这种新的自我思考方式。她喜欢在工作中成为"瑞士军刀"的想法，这让她有机会在工作中脱颖而出，让别人注意到她是谁，她如何领导自己，以及她能提供什么。这是一个个人品牌的开始，可以让她走得更远,而且肯定要好过"高级管理人员",不是吗?

这个故事的寓意是什么?当你想出如何超越你自己的时候,要好好享受这个机会。

选项、选项和更多选项

你是否知道你的受众需求,这个需求有时可以通过某件事而不是某个人来实现?这就是如何扩展你的"比较列表"的方法。

要完成个人品牌定位声明的比较部分,你将列出你的受众可以满足其需求的所有选项。这种需求能由外部公司来实现吗?计算机程序能完成这项工作吗?某份工作甚至整个部门都能外包给另一个国家吗?

这样想:假设你今天早上醒来时腰痛,为解决这个问题,你可以使用哪些不同的选项?你可以:

- 按摩一下。
- 去看脊椎或骨科医生。
- 洗个热水澡。
- 使用冰袋或热敷。
- 服用止痛药。
- 回去睡个好觉。

虽然按摩治疗师希望你预约按摩,但制药公司会希望你购买并服用它的药物。这是制药公司满足其受众需求的方式,其公司的责任就是说服受众服用药物是满足其需求的最佳选择。

个人品牌的工作方式也一样。你的受众可能有很多可以满足他们需求的选择,你的责任是帮助他们决定你是最佳选择。但首先,你需要知道你受众的选择是什么。

你的受众和其扩展选项

回到你个人品牌定位声明的需求部分。你的受众需要什么样的人或选项来满足其需求?跳出框框去思考,答案就是你的受众的完整比较列表,并且你将添加到你的个人品牌定位声明中。以下是一些例子:

受众需求示例:
- 开发具有创意的新产品理念。

完整的比较列表:
- 知名的外部"创意顾问"。
- 各机构的资深创意人士。
- 发表了文章和书籍的新产品"创意新星"。

你的个人品牌定位声明

我们的两位同事是如何将这些练习应用到他们自己的比较列表中的?看一看。在每种情况下,受众都有很多选择来满足他们的需求,凯瑟琳和埃里克都必须考虑这些选项,并创建出新的理想身份来扩展他们想要被感知的方式。

凯瑟琳的个人品牌定位声明
综合饮料市场经理
比较

我想成为（你的理想身份，即你想要被感知的方式）**的品牌：**

"新创意倡导者"，倡导组织内其他人的创意，以及开发新的成功产品创意。

与之比较（完整的比较列表，包括可能与之比较的其他选项）：

- 其他现有的营销总监或组织中能履行类似职能的人员。
- 知名的外部"创意顾问"。
- 各机构的资深创意人士。
- 发表了文章和书籍的新产品"创意新星"。

埃里克的个人品牌定位声明
哈德逊国际银行的副分行经理
比较

我想成为（你的理想身份，即你想要被感知的方式）**的品牌：**

"黄金标准服务冠军"。

与之比较（完整的比较列表，包括可能与之比较的其他选项）：

- 其他现有的副分行经理。
- 高级财务规划师和投资公司的高级客户经理。

现在，你已经准备好接受你所学到的东西，将它应用到你自己的个人品牌定位声明中，并用你理想身份和比较列表完成你的比较部分。

你的个人品牌定位声明
比较

我想成为（你的理想身份，即你想要被感知的方式）**的品牌**：

与之比较（完整的比较列表，包括可能与之比较的其他选项）：

我希望这一章能激发你的创造力，并拓宽你的思维，让其能够满足你的受众需求，并在比较游戏中获胜。

品牌技能：挖掘独特优势

> 每个人的出生都意味着新的开始，都是前所未有的、独一无二的。
>
> ——马丁·布伯（Martin Bnber），哲学家和作家

如果了解你工作情况的人被问道："（你的名字）代表什么？"这个人会怎么评价你？关于你是谁，你能做什么？他们能分享出哪些特定的内容呢？这些就是你的独特优势。它们是你个人品牌的基本要素，是塑造你个人品牌的关键所在。

在名牌产品的世界里，独特的优势被称为产品所提供的"好处"，即一个品牌希望能够并在其目标市场中拥有的最有意义的承诺。让我们以一个知名品牌为例：当你听到沃尔沃（Volvo）这个名字的时候，你会想到什么？对世界上大多数人来说，是"安全"。这是沃尔沃有别于奔驰、塔塔（Tata）、丰田（Toyota）以及其他所有汽车品牌的好处。这如何适用于个人品牌？就像定义沃尔沃的独特优势一样，你必须问问自己，你在工作中有的或能够创造的与众不同、独一无二的优势是什么？

思 考

当我专注于谈论个人品牌的话题时，受众将会不可避免地接近我，并说："布伦达，事实是：我并不是那么独特。我不认为我所提供的会是与众不同。我的贡献和其他人没有什么不同。"而且，有时，无论我怎么说，

似乎都不能改变那个人的想法。

但后来，我买了一台东芝笔记本电脑，这让我明白了我们每个人真正的独特之处。那台新电脑配有生物传感器指纹识别系统。这意味着电脑上有记录和识别我指纹的软件，然后使用我的指纹作为"密码"来访问我的键盘、硬盘、网页日志登录等。其他指纹都不行，必须是我的手指——仅属于我个人的指纹。

指纹识别除了是我电脑的一个很好的保护机制之外，还不断提醒：我们每个人都是独一无二的。每当我使用指纹启动电脑时，我都在想："地球上没有其他人能做到这一点！我是全球70多亿人口中唯一一个可以简单地把手指放在生物传感器上，然后'嗖'地一下解锁该计算机的人。"我的丈夫、助手和家人都试过了，但是，不行。只有用我的指纹，否则就行不通了。这有多强大？

这提醒了我，我们不仅有不同的指纹和DNA，而且我们都有不可替代的天赋和属性。任何人想要以完全相同的方式为一个组织做出贡献，这是绝对不可能的。

认识到你能提供什么，并学会利用它，这就是个人品牌的意义所在。是什么让你与众不同（甚至超出你独有的指纹），这是一个很明确的定义。你的个人价值观、激情和天赋的结合就是真正的YOU™的解锁方式，即像我的指纹解锁我的电脑一样。这都是由你自己去发现和宣告其独特之处。然后，你就会清楚地知道，你能为你的受众提供什么，而其他人是无法提供的。

挖掘自我独特优势

那么，你如何确定自己的独特优势呢？有很多方法可以确定它们。首先，给自己一些时间来思考你能提供什么。然后，尝试用下面这些方法，开始挖掘你已经拥有的并在工作中加以利用的独特优势。

注意。仔细倾听别人谈论你时所说的话。当你被介绍给某人时，他人用什么词来形容你？你的朋友是如何把你介绍给新朋友的？你曾经是否做过演讲或发表获奖感言？如果是这样的话，在你被介绍的时候，有哪些独特的优势被强调了？如果你最近没有被正式介绍过，你是否有任何来自过去事件的资料或材料，其中包含了别人对你的描述？

绩效考核。你可能和大多数人一样，在阅读绩效评估时，只会关注自己的弱点。但如果你花点时间回顾一下过去的评估，你可能就会发现之前被你忽视的独特优势。关于你的特殊才能，评论说了些什么？从字里行间找出你的优点。

做一些性格调查和测试。有几种性格测试可以让你洞察自己的独特优势，比如迈尔斯-布里格斯类型指标（MBTI）职业性格测试（www.myersbriggs.org）。在进行这些心理测试的过程中，你可能会发现自己身上一些新的东西。

问问你的朋友和同事。你不能只通过内部视角来发现你的独特优势，也需要通过他人以外部视角来发现和挖掘。就像你用问问题的方式来了解你的受众及其需求一样，让你的朋友和同事告诉你，他们认为你有哪些独特优势，或者与众不同之处。当然，一定要向了解你的人提出这个要求，并让他们知道你希望得到诚实的回答。

寻求反馈可能会让人不舒服，但如果没有反馈，这将使你对自己优势的认识变得非常狭隘。大多数情况下，别人对你的评价会比你对自己的评价更严厉，他们可能会忽略掉一些你的个人品牌的积极方面。所以，不要害怕寻求反馈，这是发现你个人品牌的独特优势的关键方法。

以下是你可以向其他人提出的一些问题（此列表可根据需要自行添加）。

- 当你想到我的时候，你首先想到的积极品质是什么？
- 你认为我有什么特殊才能？
- 我有哪些与众不同的特质？
- 如果有的话，我有哪些特别或罕见之处？
- 你认为我最优秀的品质是什么？
- 关于我或我的工作，你会向其他人怎样推荐？
- 如果你试图说服别人雇用我，你会怎么说？

你的受众需要你的个人品牌

在品牌塑造方面，无论是产品品牌还是个人品牌，都有一个基本的事实：你的独特优势必须满足受众的需求。

如果你还记得，需求有两种形式：功能需求和情感需求。因此，为了保持这一点，你的独特优势也必须以同样的两种形式出现。

让我们再来看看沃尔沃。安全是沃尔沃的功能需求，这款车之所以能成功，在于它的设计初衷就是为了防止你在事故中受伤。而且驾驶沃尔沃也能让你拥有高枕无忧的感觉，因此这个品牌同样也能满足重要的情感需求。

在个人品牌推广中，功能性的独特优势相当于你能提供详细且准确的报告的能力，这个称之为"精确性"；独特的情感优势相当于你每次都能按时提供这些报告，可以把此列为"可靠性"。

你的"精确性"

首先,往前翻翻,考虑一下你的受众的功能需求。你的哪一项独特优势最能满足这些需求?诚实且现实地看待你的独特优势,它们是在多大程度上能满足你的受众需求。

如果你没有优势能满足受众的每一个需求,那也没关系。这将告诉你在建立个人领导力品牌的过程中,你希望发挥出哪些优势。这些将成为"未来的独特优势",我们也会把你已经具备的优势称为"现有的独特优势"。

以下等级划分表,用来评估你的功能独特优势在多大程度上满足了你的受众的功能需求。仔细检查每个受众的需求,在1到4中进行选择。

1= 我无法应付这种需求。
2= 我勉强应付这种需求。
3= 我较好应付这种需求。
4= 我善于应付这种需求。

以下是一个实例:

受众的功能需求:	准确的财务报告
你独特的功能优势:	精确
你的等级(1~4)是:	3

你的功能独特优势是什么?

你的"可靠性"

现在,让我们考虑一下受众的情感需求。以下等级划分表,用来评估你的情感独特优势在多大程度上满足了受众的情感需求。

1= 我无法应付这种需求。
2= 我勉强应付这种需求。
3= 我较好应付这种需求。
4= 我善于应付这种需求。

以下是一个实例:

受众的情感需求:	及时提交财务报告
你独特的情感优势:	可靠
你的等级(1~4)是:	4

如果你发现现有优势并不如之前所希望的那样能应付得了受众的需求,不要担心。请记住,你将拥有现有和未来的独特优势,而你未来的独特优势将会为你提供一些工作,以进一步塑造你的个人品牌。

你做得怎么样?

既然你已经根据受众需求判断出了自己的独特优势,那么你的独特优势是下面四个等级中的哪一个呢?哪一个最能准确描述你的情况?

1. 我已经具备了满足受众需求的独特优势,而且我在工作中已经展示出了这些独特优势。

2. 我已经具备了能够满足受众需求的独特优势，但我在工作中并没有充分展示出这些独特优势。

3. 我没有满足受众需求的独特优势，但我愿意发展这些优势，因为我希望且能够应付受众的需求。

4. 我没有满足受众需求的独特优势，我也不愿意去发展它们，因为它们离真实的自我太远了。

如果你属于第一类，恭喜你！你现有的独特优势和你未来的独特优势基本上是一致的。你所要做的就是继续发挥你在工作中的独特优势，确保得到受众的认可和欣赏。

如果你属于第二种类型，你的工作就是确保你的独特优势在工作中得到表达和认可。别担心，个人品牌系统的下一部分将向你展示，如何做到这一点。

如果你属于第三类，你会发现你现有的独特优势，目前还不足以满足你的受众需求。没关系，你可能有一些工作要做，但你可以制订一个计划，用来发展你所需的未来独特优势。如果你有做这件事的意愿和激情，你会做到的。

如果你属于第四种类型，那么你现有的独特优势和需要发展来满足受众需求的未来独特优势是截然不同的。虽然在这种情况下你可能会感到沮丧，但这是一次进行自我反省的机会。你可能需要考虑，在你的组织中找到一份不同的工作，甚至可能需要寻找一个新的组织或职业，以更好地发挥你的独特优势。不管怎样，你现在知道你应该找到一份能更匹配你的独特优势的工作或受众，而且你肯定会为此感到更快乐。

你的个人品牌定位声明

利用上面的建议，花点时间调查一下你的独特优势。你认为自己能在工作中表现出的优势是什么？这些是你现有的独特优势。看看我们同事的个人品牌定位声明，看看他们各自的现有独特优势。你可能会发现，你现有的独特优势很实在，但没有你想要的那么令人兴奋，或者你可能会发现，你还没有在你的职业生涯中表现出你最大的独特优势。如果是这样的话，你可以在后面的章节中找出你未来需要的独特优势，从而解决这种问题。

凯瑟琳的个人品牌定位声明

综合饮料市场经理

独特优势

我现有的独特优势是：

- 快速、分析性思维。
- 创造力。
- 营销部门的个人领导力。

埃里克的个人品牌定位声明

哈德逊国际银行副分行经理

独特优势

我现有的独特优势是：

- 有数学天赋，尤指精确的能力。
- 轻松的个人风格，让客户感觉舒适。
- 热爱银行业务。

你的个人品牌定位声明

独特优势

我现有的独特优势是：

___

寻找额外的独特优势

如果你需要发展新的独特优势，那么无论是在当前工作中建立你的个人品牌，还是在未来更适合你的新工作中建立你想要的个人品牌，你都需要发现或发展更多的优势。

试试以下的方法，找出你甚至不知道自己拥有的额外优势，或者你希望为你的个人品牌建立的其他优势。

列出你的价值观。评估一下，对于你来说什么是最重要的。例如，如果你认为值得信赖是最重要的，那么这可能就是能够应用于你所期望的个人品牌的独特优势。或者，如果帮助别人解决问题，对你来说是最重要的，这可能就是与你的名字相联系的优势。

你的价值观列表，将帮助你确定哪些优势对你最有意义。然而，当你创建你的列表时，一定要避免借用别人的价值观。有时，同伴或父母的价值观会和你自身的价值观相混淆。至关重要的是，要确保你的个人品牌的来源是真正属于你自己的。

列出你的激情所在。人们通常在他们最喜欢做的事情上做得最好，所以你的独特优势最好与你的兴奋点直接相关。如果你对自己的独特优势充满激情，这种激情会推动你前进，帮助你做得更好，并让你的每一分钟都乐在其中。然而，我们常常过分在意生活中"该做的事"，以至于忘记了自己的激情。

我的激情是品牌。我喜欢它，并愿意研究它；我知道它，并专业地谈论它。罗列出让你感到兴奋和快乐的活动和事情，并且不要把列表清单限制在与业务或工作相关的事情上。你可能会在生活的激情中发现一些意想不到的东西，就像我的客户丹尼（Dani）所做的那样。

聆听你的激情

在一个教练研讨会上，我和丹尼相识，很快我就了解到了她和她丈夫都是酷爱骑马的人。他们喜欢骑马，还拥有一家养马场。有一天，她和丈夫骑马准备长途旅行，但是她丈夫的马不肯挪动。这以前从未发生过。然后，那匹马做了一件更奇怪的事：它抬起头来，反复轻拍她丈夫的胸部。直到几分钟后，她的丈夫突发心脏病，突然从马上摔了下来，他们这才知道是怎么回事。

这匹马显然能感觉到丹尼的丈夫出了问题，为了保护他，它拒绝移动。丹尼和她丈夫一致认为他们心爱的马拯救了他们，因为如果他们去骑马，可能会走得太远，从而无法及时得到所需的医疗救助。

但几个月后，当我和丹妮开始合作定义她的个人品牌时，她根本没有提到马。毕竟，她有许多才能优势——她是一名瑜伽教练，还有25年的人力资源专家经验。喜欢骑马又怎么可能会是她工作生活中的优势呢？

当我们继续列举丹尼的独特优势时，我注意到她对大多数优势都没有那么热情。最后，当我让她说出她最热衷的一件事时，她的回答很快且发自内心：马。还没有来得及认真想过，就从她的嘴里蹦出来。

通过我们的共同努力，丹尼开始意识到与马匹合作非常类似于与公司团队合作，并且在与马匹合作的过程中可以学到很多领导技能。例如，你必须仔细挑选你的马，就像你必须仔细挑选你的团队成员一样；你必须学会与你的马有效协同地工作，就像你必须学会与你的团队一起工作一样。因此，丹尼决定为公司高管制订一个培训计划，把他们带到她的马场与马匹一起工作，并学习这些重要的领导工具。虽然这意味着丹尼最终将会离开她的公司工作，但她仍然通过创建自己独特的业务来帮助其他公司高管，与这个世界保持着联系。

丹尼能够利用她真正的激情，这是一个隐藏的独特优势，并在马匹辅助领导力发展方面开辟出一个新市场。这个故事的寓意告诉我们，你要在你的个人品牌中找到运用激情的方法，并创造性地思考，寻找你以前没有考虑过的独特优势。

强化你的优势——做出选择

根据受众需求给自己打分，你已经对已有的独特优势进行了全面的分析，并且你对两种优势都建立了一个很长的列表。现在，是时候做出选择了。你必须选出一个独特优势作为你希望代表的关键，这就是你个人品牌的核心。一定要记住，你选择的独特优势也应该很好地满足你的受众需求。

我知道做选择并非易事，但正如作家彼得·德鲁克(Peter Drucker)所说，"无论你在何时何地看到一个成功企业，总有人曾经做出过一个艰难的决定。"同样的道理也适用于个人品牌。

让我们再一次以沃尔沃为例。很容易记住，这个品牌代表安全。如果这个品牌试图代表安全，又加上可靠性、美观、创新的风格和与众不同的附加功能，那么你就会对此失去感觉。大多数品牌产品试图拥有不超过一至两个的具体优势。潘婷让你拥有健康闪亮的头发，海飞丝让你拥有靓丽无头屑的头发。这并不是说这些就是品牌能够提供的唯一优势，它们也可能会有芬芳香味、滋润头发、修复分叉等优势。但是好的营销人员会做出选择，只坚持使用一到两个优势，而这一到两个优势恰恰是品牌真正希望且能在客户心中拥有的优势。

个人品牌也是如此。作为YOU™品牌经理，在你可以且希望拥有的现有或未来的独特优势之中，你必须选择出两到三个。许多人对此犹豫不决。他们说："等一下！布伦达，我比那还更具多维性。我有许多独特的优势，我想在工作中使用它们。"当然，你应该把它们全部都使用上，你会的。但这并不意味着你不会在你以后希望建立的其他独特优势上工作。作为领导者，什么独特优势才是你最希望与自己的品牌联系在一起的？你需要你的受众能够记住你的立场（不管他们是否会用语言来表达）。你的受众只能保留那么多，所以你必须专注且一致，这样才能让受众知道并记住你的独特优势。

当你思考自己的优势时，再想想自己希望别人如何感知、思考和感受你。当你的受众想到YOU™时，你想立即融入受众心中的主要优势是什么？你想成为什么样的人，你想被人记住的是什么？哪些优势是最有意义的，会让你与众不同？这些独特优势能否满足受众的最大需求？

你的个人品牌是你的财富。通过利用你的已有天赋和优势以及你想要发展的优势，你有机会在工作中成为你最想成为的人。

你的个人品牌定位声明

看看凯瑟琳和埃里克未来的独特优势。然后，花点时间在你自己的独特优势列表上，直到你确定选择出最重要的两三个。

如果你不能百分百地确定要选择哪种独特优势，那也没关系。不要指望你马上就能拥有一个清晰、有凝聚力的品牌。如果需要，你可以在最终确定之前更改个人品牌定位声明的任何部分。现在，根据你目前所做的工作，尽你所能做到最好。当你从头到尾读完这本书时，为了完全掌握个人品牌的定义，你就会非常清楚地知道需要进行什么样的调整。

凯瑟琳的个人品牌定位声明
综合饮料公司市场经理

独特优势

我未来的独特优势是：

- 自信的跨部门领导者，能够通过……来推动团队采取行动。
- 因地制"异"的创意，引入新的创意和突破性的产品。
- 更聪明地预测和找到解决跨部门障碍的方法。

埃里克的个人品牌定位声明
哈德逊国际银行副分行经理

独特优势

我未来的独特优势是：

- 坚定的可靠性，以卓越的方式完成工作（而不是"仅仅"完成了工作）。
- 以身作则，用自己的实际行动做出榜样。
- 能够引起分公司经理的自豪感。

再次强调，该是你完成自己的个人品牌定位声明的时候了。即使你的独特优势是稳固的，且能够满足你的受众需求，也要试着建立起你现有的优势，并挑战自己，使得它们变得更加强大和独特。对受众的功能和情感需求反应越敏感，就越能成为受众的首选品牌。

你的个人品牌定位声明

独特优势

我未来的独特优势是：

我希望，通过思考现有和未来的独特优势，能够帮助你了解你在工作中提供的内容，以及你可以进一步发展的内容，从而成为未来更好的资产。

品牌信誉：塑造现在和未来

> 要有说服力，自己要可信；要做到可信，自己要可靠……
> ——爱德华·R. 默罗（Edward R. Murrow），美国播音员兼记者

关于你的个人品牌，到现在为止你几乎已经完成了其定义！本章是个人品牌定位的第五元素——原因。这指的是，你的受众应该相信你可以发挥出独特优势的原因。一切都是为了信誉——你的理由，让你的受众相信你可以做到你所声称能做到的事情的理由。

回到品牌产品，他们有理由解释为什么会出现许多不同的形式。下面是一些流行品牌的列表，以及为什么我们相信这些品牌能兑现其承诺的原因。

品牌	理由	理由类型
多芬（Dove）	1/4 保湿霜	成分
露得清（Neutrogena）	最好的皮肤科医生推荐	代言
百达翡丽（Patek Philippe）	全手工制作的手表	过程
喜力	欧洲销量第一的进口啤酒	市场经验
法国依云矿泉水	源自卡查特的水	来源

在个人品牌建设中，你的理由主要有以下三种形式。

教育。也许你拥有一张来自名牌大学的学位证书，或者你参加了一个特殊的培训课程，使你特别有能力发挥你的独特优势；或者你参加了一个研讨会，对你的行业有了一些深刻的见解。

经验。你过去的工作经验可能是一个强有力的原因。也许你已经在你的领域工作多年；也许你已经撰写出了一篇文章或一本书籍，其主题与你的某个独特优势息息相关；也许你可能做过讲座、进行过研究或参与过某个项目，能让你特别有能力发挥出你的独特优势。

代言。了解你的人可能会提供一份推荐信或证明，让你的受众有充分的理由相信你能做到你所承诺的。我们都知道，在招聘过程中，代言形式之一的推荐很重要。当一个有良好声誉的人称赞你的时候，就会形成人们选择和你一起工作，而不是和别人一起的一个强有力的原因。

你的优势背后的原因

一种没有理由的独特优势，就像一架没有翅膀的飞机，它是飞不高、撑不住的。想想看：如果一个洗发水品牌只是简单地称它是市场上最好的洗发水，你会相信吗？不，你需要某种形式的证据，来证明这种洗发水比其他洗发水更好。如果你知道它含有一种新的专利成分，能给你的头发增添光泽，你会感觉更好。或者它是用一种特殊的维生素配制而成的，这种维生素以保持头发健康而闻名。同样的，为了赢得受众的信任，你的每一个独特优势都需要有一个特定的原因，这一点非常重要。

你能想到多少理由向你的受众证明你可以发挥你的每一个独特优势？从前面提到的三种形式（教育、经验和代言）的角度来考虑它们。你的理由归结为哪种类别？

这里有一个例子：

现有的独特优势：

• 创建创新的软件程序。

现有的原因：

• 教育：拥有纽约大学计算机技术专业学位，以及在该领域顶级创新者之一指导下的五年工作经验。

• 经验：拥有十年的软件开发经验，并参与过两个获奖软件程序的开发。

回顾你在上一章中选择的每一个独特优势，并确定你为什么选择这些优势。然后，看看你的清单，客观地考虑一下你的理由，它是否强大到足以吸引你的受众，让他们相信你可以发挥你的独特优势。

如果你认为他们不够强大，或者你想要提升你的能力，从而拥有进一步的独特优势，你可能需要找出新的原因。正如我们称之为"现有"或"未来"的独特优势一样，我们也将你的理由分为"现有"和"未来"。

• 由于你现有的独特优势，你可能已经有了现有的理由。
• 如果你已经定义了一个未来的独特优势，你肯定需要一个或两个（或更多）未来的理由，来让这种优势变得可信。

你现有的理由怎样才能更好？

如果你相信你现有的理由还不足以向你的受众证明你可以兑现你的承诺，那什么样的理由才能融入你的个人品牌呢？从教育、经验和代言的角度来思考。你能做些什么来创造更强大的信誉来支持你的优势？

头脑风暴可能是支持你现有和未来的独特优势的原因。让你的头脑一开始就摆脱束缚，你可能会发现一些令人惊讶的事情。哪些思考是最有意义的？不要选择去做你厌倦的事。例如，如果参加一个行业会议，听起来是你最不想做的事情，那么就去找一个不同的理由来支持你的独特优势。

另一方面，不要让恐惧妨碍你。例如，如果撰写一篇文章或一本书籍会让你感到兴奋，但同时也会让你感到有挑战性和紧张，那么就去得到你需要的帮助，然后就去做吧！

你应该选择多少理由呢？这个答案取决于你的受众所认为有意义的理由数量。需要多少原因才能真正地区分 YOU™？更重要的是，你的受众能真正记住多少呢？最好把你的理由保持在最低限度。注重质量，而不是数量。当你的受众在他们考虑选择 YOU™ 而不是别人的时候，如果在这个特定的时刻都记不清理由，那么理由就显得没那么重要了。

研究时间

重要的是要做一些调查，找出你的受众需要什么，才能相信你能提供你所承诺的独特优势。假设你是一名税务会计师，你拥有该领域的五年工作经验，同时还拥有会计专业兼辅修商业的本科双学位。你想要向你的受众证明的独特优势是"所有专业税务会计师中知识最渊博的"，你如何才能找到让你的受众相信这种独特优势所需要的东西呢？

- 让你的受众告诉你什么样的原因才是有效的。拥有丰富的经验、良好的教育，或者更多的代言是否会更好呢？
- 看看你公司里其他成功的会计师，他们的原因是什么？
- 研究其他成功公司的内部会计师，甚至可邀请一到两名会计师共进午餐，以便找出他/她成功的理由。

例如，通过研究，你可能会发现，你想要的原因可能是要获得一个注册管理会计师的文凭。如果是这样的话，在本书的下一章中，你就有了一个未来的理由需要应用到你的个人品牌营销计划中去。

以下是一个你可能计划进行的独特优势的例子，以及在此过程中你可以创建的原因：

未来的独特优势：

· 开发出公认一流的软件程序。

可能的未来原因：

· 教育：

——定期进行继续教育，学习软件开发方面的新创意。

——每年至少参加一次世界性的行业会议。

· 经验：

——在工作中启动一个新的软件开发项目，以解决长期的问题。

——在公司的简报或商业杂志上撰写一篇关于软件开发的文章。

创造一个理由

保罗（Paul）是波兰华沙一家大型律师事务所的律师。不管是与同一事务所的其他律师相比，还是与该市其他律师相比，他都不算有名。在这么多律师事务所里，专业化水准高其实没有多大意义。事实上，要想在波兰的法律领域过上好日子，唯一的办法就是成为一个通才。那么，这让保罗何去何从？

他认为让自己与众不同的一种方法就是，撰写一本关于在波兰经商的法律书籍。所以，他做了必要的研究并完成了写作。这本书针对的是那些想要进军波兰市场的海外公司，这本书为读者们提供了一个强有力的理由，让他们相信保罗将会是一个很好的律师，会帮助他们在波兰建立起业务。刹那间，他成了一位专家，就因为他撰写了一本关于这个话题的书籍。由于这本书的缘故，保罗发现自己经常接受媒体的采访，并被要求在会议上发言，这进一步加强了他的"专家"个人品牌。更重要的是，因为名声大噪，他获得了几位高薪客户。

这个故事的寓意是：如果你还没有找到你被需要的理由，那就创造你自己的理由吧。找到一种方法，让自己成为你所做的任何事情的专家（这并不意味着你必须撰写一本书籍。）在你的世界里还有什么能让你与众不同呢？也许你可以写一些文章，选修一门课程，或者获得相关证书来证明你能够真正发挥自己的独特优势。

你的个人品牌定位声明

让我们和我们的同事们一起，看看他们在个人品牌定位声明中是如何应用原因的。

凯瑟琳的个人品牌定位声明

综合饮料市场经理

原因

我现有的理由（为什么我的受众应该相信我能提供我的独特优势）**是：**

- 在市场上已经有几条线路，扩展成功了。
- 在合并后的四年内被提升了三次。
- 开发了三种新的商业建筑消费促销活动。

我未来的理由是：

- 认同：在战略计划报告中，我的新产品推出计划要取得（约瑟夫）的同意。

- 积极反馈：非营销部门主管向约瑟夫提供关于我的跨职能领导能力的积极反馈。
- 一致表现：我一贯表现出的"能做"的积极态度。

埃里克的个人品牌定位声明
哈德逊国际银行的副分行经理

原因

我现有的理由（为什么我的受众应该相信我能提供我的独特优势）**是**：

- 四年以上银行各部门的工作经验。
- 晋升到副经理的日程安排。
- 许多银行客户的主动致意（由分行经理收到）。

我未来的理由是：

- 自愿承担额外的个人银行家类型的项目，并以卓越的客户服务方式提前交付。
- 在培训项目中担任团队领导，在部门经理培训项目中扮演更积极的角色。
- 最终，提前提升为私人银行家。

也许凯瑟琳和埃里克的选择让你对自己现有和未来的原因有了一些想法？

你的个人品牌定位声明
原因

我现有的理由（为什么我的受众应该相信我能提供我的独特优势）**是**：

我未来的理由是：

品牌特质：精确个人特质

态度是件小事，但却意义重大。

——温斯顿·丘吉尔（Winston Churchill），前英国首相

本书中个人品牌系统第一步的最后一个定位要素是品牌特质。虽然这是定义的最后一部分，但并不是最不重要的。相反，你的个人品牌的特质非常重要，能够真正地让 YOU™ 与众不同。

你以前可能没有听说过"品牌特质"，但它确实存在。许多最成功的品牌都利用品牌特质来进行区分，比如百事可乐（Pepsi）和可口可乐。老实说，百事可乐和可口可乐都是由基本相同的原料组成的，即碳酸水、甜味剂和调味品。然而，似乎每个人都有自己偏爱的一种可乐，对其特别有亲切感。哎呀，我曾见过有人为争论哪一种可乐是"最好的"而大打出手。

百事可乐和可口可乐等产品的成分非常相似，但消费者对两种品牌的忠诚度却很强烈，这是因为产品独特的品牌特质。想想品牌特质背后的那些玩家——开发和管理这些品牌的聪明品牌经理。让我们分析客观事实，百事可乐和可口可乐的功能需求基本相同：它们解渴，满足你的味蕾。但是，每一个品牌的品牌特质都创造了一种情感联系，使得两个品牌都达到了难以置信的高度。品牌特质可能没有功能需求那么明显，但是聪明的品牌经理非常重视这个要素。它可以真正决定一个品牌的成功与否。

还有哪些其他品牌主要是由特质来区分的？想一想香水、酒精和啤酒等。花些时间注意一下这些品牌的广告宣传，我想你会明白我的意思。举个例子，看一看法国灰雁伏特加（Grey Goose Vodka）和凯尔弗龙舌兰酒（Cueno Tequila）的广告，将其进行对比。灰雁的特质是现代、成熟和精致，而凯尔弗的特征是年轻、狂野和"派对狂"。在商业宣传和广告中发现品牌特质，实际上是一件很有趣的事情。一旦你开始密切关注，你就会发现品牌特质是一个很重要的元素，它清楚地将一个品牌与另一个品牌区分开来。

从百事可乐和伏特加类推到 YOU™

如何应用品牌特质于你和你的个人品牌？你的品牌特质是我们六大个人品牌定位要素之一，它与你的身份和你的行为有很大的关系。把你的个人品牌特质塑造成你品牌的"个性"，虽然你的独特优势正是你为受众提供的，但你的个人品牌特质更多的是你提供这些独特优势的方式，即你的态度和你的主打气质。

你如何评论个人品牌特质？它通常可用形容词来描述，就像你描述一个人一样。

注意

不要把品牌特质与独特优势混为一谈。独特优势是一个名词，它是你能提供的。举一个品牌的例子来说，劲量（Energizer）电池的优势是"耐用持久"，但其品牌特质则是"可靠的"或"永不放弃"。

你有一个特质吗？

确定你的个人品牌特质是我们需要解决的首要任务。换句话说，无论是作为自我领导者还是他人的领导者，你在工作中所展示给他人的品牌特质是什么？在你的职业生涯中让其他人来描述你的品牌特质，这是确定特质的最好方法之一。

以下是一些你可以向同事或同行问的问题，这些问题会让你更好地了解你的个人品牌特质。再次强调，确保你问的是你所信任的人，因为这些问题可能都比较棘手！

- 你认为我的性格中最积极的方面是什么？
- 你认为我的性格中不那么积极的方面是什么？
- 如果你想把我推荐给别人，你会怎么评价我？
- 如果你在写我的讣告，你会如何概括？

描述你的特质

哪些形容词可以描述你的个人品牌特质？包括那些从你询问的人那里获得的信息，并添加一些你认为最能描述你独特特质的形容词。首先，考虑一下你的整体特质，而不仅仅是你在工作中表达出来的性格特质。关键是要尽可能的具体，尽量考虑那些与其他人不同的特质。如果你需要更多的形容词，请在 dictionary.com 或 thesaurus.com 上查找单词。

无礼的 平静的 专注的 卑鄙的 诚挚的
平和的 小聪明的 闪耀的 果断的 真实的

高尚的 活泼的 背离的 雄辩的 慷慨的

专业的 温和的 机敏的 专心的 善交际的

有灵性的 和蔼的 接地气的 体贴的 无私的

勤勉的 随和的 公平的 勇敢的 幻想的

优雅的 平易近人的 敢于冒险的 有吸引力的 古怪的

崇高的 励志的 直接的 富同情心的 迷人的

聪明的 激励人心的 有影响力的 有说服力的 热情的

当你想到上面的形容词列表时，考虑一下哪些性格特质是最重要的，即最真实的 YOU™。到目前为止，在你的职业生涯中，有多少性格特质是你所表达的？你在工作中传达出这些特质了吗？

另一种选择：简短的叙述

除了列出描述你的个人品牌特质的词语或形容词之外，你还可以使用一个简短的叙述来描述它。以一个产品品牌为例，北美汰渍（Tide）洗衣粉的品牌特征可能是这样的："完美主义者在工作完成之前是不会停止的。"回到个人品牌话题的例子，可能是："你是可以依赖的、宝贵的实干家，可以处理好那些需要处理的事情。"关于 YOU™ 的简短叙述描述是什么？

让我们富有创意

你可能在工作中隐藏了一些你个性中最突出的特质，这些特质作为你的个人品牌的一部分进行交流，可以帮助你提升品牌影响力。考虑到这一点，让我们深入挖掘你更多的特质，并让你将其添加到你的品牌中去。

记住，你性格的特质方面也可以发展出来，但大多数时候，你的品牌特质是你的一个基本组成部分。例如，桑德拉（Sandra）在一家中型律师事务所担任行政助理。她在工作中表现得很好，但是她真正想要的是成为公司的行政主管。她了解到，公司希望他们的主管不断地提出新想法来提高员工办公效率，然后他们会在与管理律师的会议上提出这些想法。所有这一切都意味着，桑德拉在工作上必须要比以往更加自信。尽管她知道自己很难做到这一点，但这是她一直想要做到的事情。她明白，如果她想要升职，她就得跨出自我舒适区。对桑德拉来说，这并不容易，但她决心在这方面发展自己的领导能力。

桑德拉决定研究"自信"的品牌特质。她在社区访客局做志愿者，并有意识地专注于提出能帮助该局更顺利运作的想法。当她和别人分享想法时，桑德拉不得不进行深呼吸，鼓起勇气。最终，她的一些想法得到了访客局的好评和实施，并取得了巨大的成果。这种经历让桑德拉有了信心，她需要让她的上司知道她有兴趣成为一名行政主管。在她的律师事务所的工作中，尽管还没有机会实施她的任何能提高效率的想法，但社区经验为她提供了几个很好的例子，让她可以分享如何改善访客局工作效率的例子。她向上级分享了这些例子，这一优势足以让桑德拉得到她想要的升职机会。"自信想法的生成者和实现者"仅仅是桑德拉特质中的一部分，现在，这一特质已成为她给律师事务所带来的个人品牌的重要组成部分。

创造性的比较

有时候，思考别人的属性对你可能想要关注或发展的特质的想法大有帮助。这里有三种方法可以将你的想象力拓展到其他可能用于个人品牌特质的描述性的词汇中。

- 把自己和名人比较一下。例如：

Lady Gaga 是……大胆和原创的……我也是。

罗杰·费德勒（Roger Federer）是……专注和心无旁骛的……我也是。

奥普拉·温弗里（Oprah Winfrey）是……慈善和有影响力的……我也是。

你能把自己和谁进行比较？试着想想不止一个：

___是___我也是。

- 把自己和一个流行的品牌进行比较。例如：

我最喜欢的服装品牌是巴宝莉（Burberry），因为……我是传统的、可靠的。

我最喜欢的汽车品牌是兰博基尼（Lamborghini），因为……我是尖端的、最先进的。

我最喜欢的电商品牌是亚马逊（Amazon），因为……很快，一切都能在我的掌握之中。

你最喜欢什么品牌？

我最喜欢的是___品牌，因为我___。

- 把自己和一个榜样做比较。在当地社区中，想想那些你所欣赏和崇拜的人，比如小时候的童子军队长，你最喜欢的老师、大学顾问或者你所在城市的市长。

——你怎么形容这个人？作为一个领导者？一个可敬的人？

——你想在自己身上发展这个人的哪些特质？

缩小范围

当你致力于确定你的品牌特质时，回过头来看看你在个人品牌定位声明中定义的受众。你当前的特质是否符合你的受众渴望、需求和态度？你的特质会和它们联系起来吗？如果没有，你在工作中强调哪些性格特质，能够更多地吸引你的受众？

注意，我使用了"吸引"这个词。记住：个人品牌特质是你与他人交流的个性、态度和流行气质。你的受众会被你的品牌特质所吸引吗？

个人品牌/企业品牌

你的个人品牌是否与你的公司品牌相"联系"？我曾经指导过一位名叫迪维亚（Divya）的银行高管，她在银行工作了15年，且工作得非常开心。她有过很好的经历，在世界各地旅行和生活。然后，一场全球性的金融危机发生了。在随后的几年里，迪维亚慢慢地发现她对自己的银行机构和工作感到越来越不安。她努力保持曾经在工作中拥有过的兴奋感和满足感。

我们致力于定义迪维亚的个人品牌。完成之外，我们为银行创建了一份品牌定位声明，然后将迪维亚的个人品牌与该组织的品牌进行比较。这揭示出了什么呢？虽然迪维亚的个人品牌特质多年来没有改变，但由于金融危机，她所在的银行企业品牌特质发生了很大的变化，已不再是她深爱的那个友好、愉快的地方了。新规则和更严格的规章制度使其成为一个更加严苛的环境，具有各种各样的原则性要求。这改变了工作场所的整体性质，也改变了迪维亚所做的工作。

她逐渐意识到，她个人的品牌特质已不再与银行的企业品牌特质同步。由于她觉得自己无法改变公司的特质，所以她不得不扪心自问，是否能改变自己的特质以适应银行的特质。对她来说，答案是"不"。尽管她本希望在工作岗位上继续工作，但鉴于自身个人品牌特质与银行的新品牌特质之间存在根本性的脱节，对她来说，这样做根本既不健康也不真实。

迪维亚决定离开银行，到别处找工作。这听起来像是一个相当戏剧性的步骤，但她通过将自己的个人品牌定位声明与公司的品牌定位声明进行比较，从而清晰地获得了一个使她能够接受急需改变的决定。

现实检查

如果你发现自己的品牌特质和你所工作的地方的特质之间脱节，那会发生什么呢？和迪维亚的情况类似？

例如，如果你将自己的个人品牌描述为"外向、进取、创新和精力充沛"，但你的受众正在寻找"稳定、坚持现状、遵循既定流程"的特质，你需要做些什么来与你的受众建立情感联系呢？你真的想要改变你的个人品牌特质来建立这种联系吗？还是该像迪维亚那样考虑离开呢？在这种情况下，如果你发现这是真的，你可能会有一些自我反省，即关于你的位置以及你是如何适应的。

保持专注和不寻常

还记得来自南非的专业演说家加文吗？他发现，自己的独特优势和特质并不总是吸引某些受众，所以他对自己想要关注的受众变得非常具体，这一决定为他节省了时间、金钱和许多潜在的挫败感。

加文还小心翼翼地为自己选择了一个独特的品牌特质，并充分体现了他的原创。他因为把事情搞砸了，说了一些可能会让人们失去平衡的事情而出名。但最终的结果是，他是一个非常振奋人心的演讲者，他通过他所谓的"无礼和顽皮"的品牌特质来帮助别人跳出思维定式。从加文那里吸取教训，你的品牌特质可以不要只是普普通通吗？

你的个人品牌定位声明

当你准备好完成你个人品牌定位声明中的品牌特质部分时,我们的同事凯瑟琳和埃里克也完成了他们的品牌定位声明。在你阅读了他们的特质陈述之后,从你已经发现的特质(态度,特质描述)中,选择出五到六个最重要的特质来描述你的 YOU™,并将它们添加到你的定位声明中。这些将是你认为最好的特质,也将极大地吸引你的受众。

如果你的个人品牌已经吸引了你的受众,你的状态就会很好!如果没有,你可能只需要确保你的个性特质在工作中变得更加广为人知。这些特质最能吸引你的受众,但你现在可能正在压抑它们。在工作中展现出这些特质,你会变得更加真实。

凯瑟琳的个人品牌定位声明

综合饮料市场经理

品牌特质

我的个人品牌特质(我希望被受众感知到的个人品牌特质,包括我最重要的态度、气质和个性)**是:**

一个值得信赖的、独特的创意团队领导者,从不放弃,也从不让团队只满足于"好的",而是激励整个组织达到更高的目标:一个"优中之优"。

埃里克的个人品牌定位声明

哈德逊国际银行的副分行经理

品牌特质

我的个人品牌特质(我希望被受众感知到的个人品牌特质,包括我最重要的态度、气质和个性）是：

一个"黄金标准"的制定者和成就者，完全可靠，并且致力于卓越的服务。

你想给自己的品牌带来什么样的特质?

你的个人品牌定位声明
品牌特质

我的个人品牌特质（我希望被受众感知到的个人品牌特质，包括我最重要的态度、气质和个性）**是：**

现在，你已经完成了第一步，定义了你个人品牌的六个要素。是时候把这些元素结合起来，充分发挥你的完整个人品牌定位声明了。

完善你的"个人品牌定位声明"

着眼细节，成就全局。

——桑福德·I. 威尔（Sanford I. Weill），银行家、金融家和慈善家

恭喜你！你现在已经定义了你个人品牌定位声明的六个要素。现在是时候将它们整合在一起，形成清晰一致的"大局观"了。

不过，在此之前，让我们先来看看凯瑟琳和埃里克整合完成的个人品牌定位声明，并通过对他们每个人的个人品牌的总体感知来阅读这些声明。

凯瑟琳的个人品牌定位声明

综合饮料市场经理

我的受众包括：

人口统计特征（可证明的社会特征，如年龄、性别、收入、受教育情况等）：

约瑟夫·克赖斯，49岁，新聘的首席营销官和老板的资深员工。约瑟夫在饮料营销方面有丰富的经验，并且在业界享有很高的声誉，因为他推出了能够开创事业的新产品。事实上，他在可口可乐罐装联合公司的使命是加速新产品的开发过程。他平均每天工作12个小时。

心理图形统计特征（更多的心理导向的人格特质，包括态度、心态等）：

约瑟夫对市场营销充满热情，尤其是新想法、新产品、促销活动等。他需要完成岗位任务，也必须会玩办公室政治游戏。换句话说，他需要与其他职能部门负责人保持良好的关系，同时推动他们更快地完成新工作。

约瑟夫相信他有能力发展出高潜力的想法,并激励他的团队达到更大的目标。他认为自己是"球员教练的赢家"。

关键行为(可观察到的行为举止):

约瑟夫不太喜欢开会。事实上,他认为大多数会议都占用了宝贵的创意时间,所以他更愿意保持开放的态度,在大厅里来回走动。他经常顺道拜访团队的下属(有时甚至是直接下属),看看他们有什么想法冒出来,听一听他们的行动计划是如何进行的。作为公司的新人,约瑟夫需要一个他可以真正信赖的高级市场营销人员作为公司的变革推动者。一个强大的"市场部副经理"似乎是硬充电器,约瑟夫可以通过在董事会上积极支持副经理的建议来更快更顺畅地实现他的目标。

我的受众的需求是:

功能:

一个极富创造力和自信的高级市场营销人员,他可以承担新产品开发变更代理的角色,这样约瑟夫和他的创新团队就可以为综合饮料提供成功的具有新创意的产品。

情感:

约瑟夫可以信任他,他可以承受伴随任务而来的打击,而并不会气馁。

比较

我想成为(你的理想身份,即你想要被感知的方式)**的品牌:**

"新创意倡导者",倡导组织内其他人的创意,并开发新的成功产品创意。

与之比较(完整的比较列表,包括可能与之比较的其他选项):

- 其他现有的营销总监或组织中能履行类似职能的人员。
- 知名的外部"创意顾问"。
- 各机构的资深创意人士。
- 发表了文章和书籍的新产品"创意新星"。

独特优势

我现有的独特优势是：

- 快速、分析性思维。
- 创造力。
- 营销部门的个人领导。

我未来的独特优势是：

- 自信的跨部门领导者，能够通过……来推动团队采取行动。
- 因地制"异"的创意，引入新的创意和突破性的产品。
- 更聪明地预测和找到解决跨部门障碍的方法。

原因

我现有的理由（为什么我的受众应该相信我能提供我的独特优势）是：

- 在市场上已经有几条线路，扩展成功了。
- 在合并后的四年内被提升了三次。
- 开发了三种新的商业建筑消费促销活动。

我未来的理由

- 认同：在战略计划报告中，我的新产品推出计划要取得（约瑟夫）的同意。
- 积极反馈：非营销部门主管向约瑟夫提供关于我的跨职能领导能力的积极反馈。
- 一致表现：我一贯表现出的"能做"的积极态度。

品牌特质

我的个人品牌特质（我希望被受众感知到的个人品牌特质，包括我最重要的态度、气质和个性）**是：**

一个值得信赖的、独特的创意团队领导者，他从不放弃，也从不让团队只满足于"好的"，而是激励整个组织达到更高的目标："优中之优"。

埃里克的个人品牌定位声明
哈德逊国际银行的副分行经理

我的受众包括：

人口统计特征（这个人的可证明的社会特征，如年龄、性别、收入、受教育情况等）：

艾丽西亚·戈麦斯，40岁，已婚，没有孩子，拥有金融和市场营销学士学位。她是哈德逊银行规模最大的分行的经理，这份工作她已经做了将近十年。她大学一毕业就开始了自己的职业生涯，当时她是当地一家银行的出纳员，几年后，她跳槽去了一家有竞争力的国际银行，加入了分行经理发展计划。哈德逊特别聘请艾丽西亚负责他们位于郊区的第一个分行。从那以后，她和她的团队一直是哈德逊队的顶尖人才。

心理图形统计特征（更多的心理导向的人格特质，包括态度、心态等）：

关于艾丽西亚，有一件事是很明确的：她渴望卓越——不仅仅是为她工作的人要卓越，她自己也要卓越。你可以说，她是一个以出色的工作和周到的服务为荣的"追求完美的完美主义者"，她认为，她的团队的表现仍然可以达到更高的水平。因此，……艾丽西亚为哈德逊的管理人员树立了一个很好的榜样。她绝对相信"顾客为王"，确保每个顾客不仅仅是一个数字。艾丽西亚每天都在通过自身行为向团队示范着这种对顾客的尊重。

关键行为（行为或行为的可观察行为）：

艾丽西亚绝对是一个"目标管理"型的领导者。她和团队成员一起坐下来，就项目和个人发展目标达成书面一致。她和团队成员一起定期回顾这些项目和任务，以确保达到更高的绩效水平。她还在一年中为团队举办了多次培训研讨会。其中一些研讨会由她自己领导，另一些则由当地的商业领袖领导。尽管从技术上讲，哈德逊的员工每周的工作时间是固定的，但艾丽西亚"不管花多少小时"都要提前完成工作，满足客户的所有需求。她给人的印象并不是一个工作狂，而是一个真正追求卓越的人。基于她的职业道德，艾丽西亚只提拔那些表现出对出色工作与服务具有类似热情，且非常可靠的人担任个人理财顾问。当她能够提拔具有这些特质的人时，她会为帮助团队成员实现更高的目标而感到自豪。

我的受众需求是：

功能：

一个"可靠先生"型的个人理财顾问，担任分行的二把手，他是一个值得信赖的人，不管需要多少时间，他都愿意工作；他在客户服务方面树立了卓越的标准； 他能可靠地同时激励整个团队。

情感：

在看到哈德森年轻的后起之秀们表现得比他们有时认为的还要出色时，他感到很自豪。

比较

我想成为（你的理想身份，即你想要被感知的方式）**的品牌：**

"黄金标准服务冠军"

与之比较（完整的比较列表，包括可能与之比较的其他选项）：

- 其他现有的副分行经理。
- 高级财务规划师和投资公司的高级客户经理。

独特优势

我现有的独特优势是：

- 有数字天赋，尤指精确的能力
- 轻松的个人风格，让客户感觉舒适
- 热爱银行业务

我未来的独特优势是：

- 坚定的可靠性，以卓越的方式完成工作（而不是"仅仅"完成了工作）。
- 以身作则，用自己的实际行动做出榜样。
- 能够引起分公司经理的自豪感。

原因

我现有的理由（为什么我的受众应该相信我能提供我的独特优势）**是：**

- 四年以上银行各部门工作的经验。
- 晋升到副经理的日程安排。

・许多银行客户的主动致意（由分行经理收到）。

我未来的理由是：

・自愿承担额外的个人银行家类型的项目，并以卓越的客户服务方式提前交付。

・在培训项目中担任团队领导，在部门经理培训项目中扮演更积极的角色。

・最终，提前提升为私人银行家。

品牌特质

我的个人品牌特质（我希望被受众感知到的个人品牌特质，包括我最重要的态度、气质和个性）

一个"黄金标准"的制定者和成就者，完全可靠，并且致力于卓越的服务。

你的个人品牌定位声明

我的受众包括：

人口统计特征（可证明的社会特征，如年龄、性别、收入、受教育情况等）：

心理图形统计特征（更多的心理导向的人格特质，包括态度、心态等）：

关键行为（可观察到的言行举止）：

我的受众的需求是：

功能：

情感：

比较：

我想成为（你的理想身份，即你想要被感知的方式）**的品牌：**

与之比较（完整的比较列表，包括可能与之比较的其他选项）：

独特优势

我现有的独特优势是：

我未来的独特优势是：

原因

我现有的理由（为什么我的受众应该相信我能提供我的独特优势）**是：**

我未来的理由是：

品牌特质

我的个人品牌特质（我希望被受众感知到的个人品牌特质，包括我最重要的态度、气质和个性）**是：**

你的声明是否完整

当你坐下来看你所做的工作时，你一定要仔细检查你的定位声明是否包含它所需要的所有信息。

1. 受众

- 你的声明是否包含了定义明确的受众的所有要素？当你读它的时候，你真的觉得你"了解"你的受众吗？

2. **需求**
- 是否列出了你认为对受众来说是最重要的需求?
- 是否列出了你的受众的功能需求和情感需求?

3. **比较**
- 你的比较清单是否超出了显而易见的范围,并包含了许多其他选择?
- 你是否有一个明确定义的、独特的理想身份?

4. **独特的优势**
- 你是否有两到三个明确定义的独特优势,你知道哪些是你想拥有的和可以拥有的?它们真的是 YOU ™最重要的独特优势吗?
- 你的独特优势是否应付得了受众的功能需求和情感需求?

5. **原因**
- 你有足够的理由让你的受众信服吗?他们真的能证明你能提供你所声明的独特优势吗?
- 你是否需要找出未来的理由,来更好地支持你未来的独特优势?

6. **个人品牌特质**
- 你的个人品牌特质是否与你的受众心理、态度和信念同步?
- 基于你对受众的了解,你的品牌特质会吸引到他人吗?

获得反馈

在签署你的定位声明之前,我鼓励你去获得一些客观的意见。

- 向你信任的人展示你的个人品牌定位声明,并征求他们的意见。据他们对你的了解,他们是否同意这份声明为你塑造出了一个伟大的品牌?当你实现理想的个人品牌时,他们是否相信你对品牌的愿景将足够强大,以至于能帮助你获得想要实现的目标,比如升职、加薪或者你想要的认可?
- 如果你真的认为这会有帮助,那就向你的受众展示你的个人品牌定位声明。你的受众有些什么反应？记住：如果你相信它不会破坏你们的关系，那就去做吧！大多数情况下，你不会公开地分享你的定位声明。就像你从未见过星巴克的定位声明，对吧？只要你和你的受众建立起了正确的关系，那就去做吧。

- 访问 www.brendabence.com/books-products/ ，只需支付少量费用，你就可以下载一份有用的"电子审计"表单，在最终确定和审查你的个人品牌定位声明时，该表单将引导你思考其他一些问题。

它看起来如何

现在你可以坐下来看看大局，你对你的个人品牌感觉怎么样？你觉得"对"吗？你的声明是否符合目标，是否准确地讲述了你的故事？从1~10分，作为自我或其他人的领导者，你的声明是否真正地传达了YOU™是什么？希望成为的YOU™是什么？如果你认为你的声明得分达不到8分或9分，那就需要花更多的时间来思考各种要素，并考虑如何改进它们。把这部分做好是很重要的，所以一定要花时间，来让你的个人品牌的定义尽可能地让人满意。

由于你仍然需要做一些工作才能真正体现你想要的品牌，你也许无法按照自己的意愿为自己的声明评出高分。如果是这样的话，不要气馁！接下来的章节，将帮助你在加强品牌的同时，传达你的品牌。

YOU™

Step 2

如何营销个人品牌

开始你的"个人品牌营销计划"

> 所有的道路都通向同一个目标：告诉别人我们是谁。
> ——巴勃罗·聂鲁达（Pablo Neruda），智利诗人

巴勃罗·聂鲁达的上述名言当然是正确的，尤其是在个人品牌方面。当然，针对个人品牌——这说的是关于你希望受众如何看待你，无论你设定的品牌多么辉煌，除非你向他人进行了有效传播，否则它都是无用的。你必须坚持传播。只有这样，个人品牌才能从你脑海里的一个概念变成受众心中的一种感觉，这才是你想要的。那时，你和你的个人品牌就是互替的。这将帮助你掌控自己的事业，获得更高的职位，获得你渴望和应得的认可，并为自己创造一个更好的未来。

个人品牌的亮相派对

如何传达你努力定义的个人品牌？

看看成功的产品品牌，看看它们如何与目标市场沟通，它们想要代表什么。坐下来，想一个你特别有感觉的品牌——一个你经常使用并且与之有强大联系的品牌。这个特别的品牌是如何向你传达它代表的意义呢？它是如何向你阐明其定位声明的要素的呢？这个品牌是如何赢得了你的钱包和你的心？

也许你是高露洁牙膏的忠实粉丝，因为经常使用高露洁牙膏，你已经

五年没有蛀牙了。或者，也许你的朋友在驾驶沃尔沃时发生翻车事故，但没有受伤，所以你喜欢上了沃尔沃。你会因为开心乐园餐和游乐场而带孩子去麦当劳吗？

　　这些例子表明，一个产品品牌通过它所做的来传达它的定位，而不是通过它所说的。想一想：你应该从来没有看过麦当劳的品牌定位声明，维珍航空（Virgin Airlines）的品牌经理也不太可能为了向你展示维珍的品牌特质而邀请你吃饭。相反，与品牌打交道的经历才是最能传达品牌定位声明的。

　　因此，任何一个品牌成功的关键在于它所做的事情是否能持续地为大众所接受。例如，沃尔沃不会赞助一场德比大赛，但它会赞助一个家庭汽车安全日，耐克不会支持针对青少年的在线电脑游戏比赛，但会支持一场慈善马拉松；为了保持品牌传播的一致性，沃尔沃将持续专注于向公众展示所有产品的安全性，耐克也将定期向热爱运动的目标市场传达"只管去做"的态度。这种一致性是成功定位一个品牌的"圣杯"。

　　自我品牌也是如此。我可以向你展示我的个人品牌定位声明，告诉你这就是我的立场。但是你对我的感知、思考和感受是基于我所做的，而不是我所说的。

最能传达你的个人品牌的五项活动

　　你现在知道，你的个人品牌是通过你所做的事情来传达的。但是"你做什么"是一个相当大的选择。在目睹了世界各地数百名企业员工在工作中建立（或破坏）自己的个人品牌后，我得出一个结论：最能传达我们个人品牌的核心活动在于我们每天都在做的五件事情。我真的认为受众如何感知、思考和感受你的个人品牌的基础有99%来源于这五项核心活动。

你的行动

你的反应

你的外表

你的声音

你的想法

还记得我们在书的开头提到的个人品牌营销计划吗？就像成功的品牌都有成熟的营销计划，以确保它们能够通过电视广告、杂志广告、赞助活动、公司网站、社交媒体、品牌包装、公共关系等来持续传播他们想要传达的信息。当提及你的个人品牌营销计划时，我们要讨论的五个活动就是你自己的"媒体"。

如果你认真地想要知道别人如何感知、思考和感受你作为一个自我领导者或领导者，你应该每天都把这五件事放在心上，以便始终如一地传达你想要的品牌。

你的个人品牌营销计划

让我们来看看个人品牌营销计划的形式：在表左边，你将对你的个人品牌定位声明做一个简短的总结；在表右边，你将使用五种品牌的交流活动来创建一个营销计划。

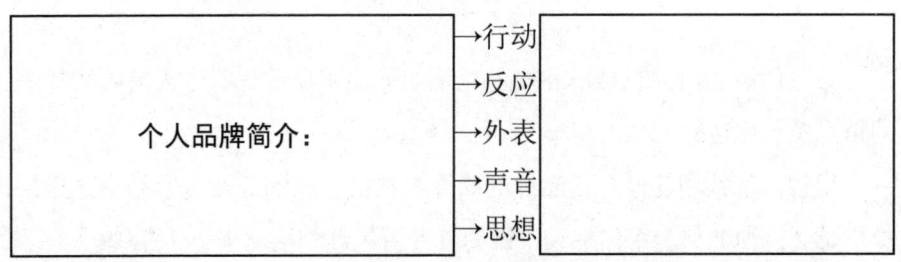

首先，你要总结一下你的个人品牌。把你的个人品牌总结看作是"底线"——一份简短的声明，把所有东西汇总起来，来表达你所想要的核心内容。

看看你的个人品牌定位声明中的各种元素，然后总结出你想要传播的品牌的"本质"。你的总结可以来自你声明的不同部分，例如，你的品牌特质、你的独特优势、你想要的身份、你的理由或者这些因素的组合。

让我们来看看凯瑟琳和埃里克，看看他们是如何总结其个人品牌的。这会帮助你理解这个概念。

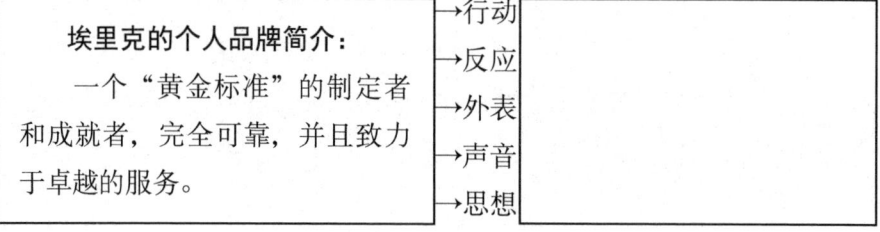

凯瑟琳的个人品牌简介：
一个值得信赖的、独特的创意团队领导者，从不放弃，也从不让团队只满足于"好的"，而是激励整个组织达到更高的目标："优中之优"。

→行动
→反应
→外表
→声音
→思想

埃里克的个人品牌简介：
一个"黄金标准"的制定者和成就者，完全可靠，并且致力于卓越的服务。

→行动
→反应
→外表
→声音
→思想

希望你能明白，凯瑟琳和埃里克是如何简明扼要地对个人品牌所代表的信息进行概括的。

现在，继续创建你自己品牌的简介。在接下来的五章内容结束之后，提出总结，即如何利用你每天所做的五种营销计划活动来传达品牌。

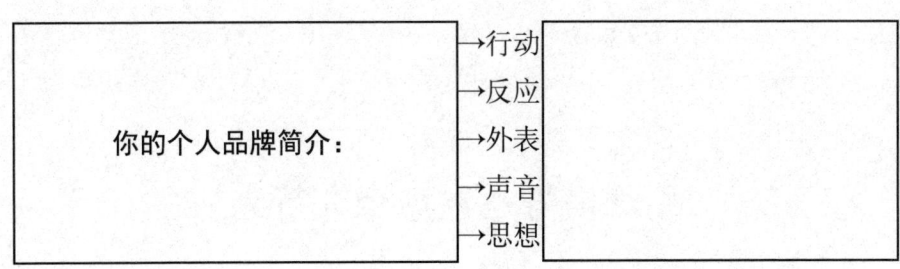

　　为了让你的个人品牌成为现实，你将做出必要的改变，同时你的受众感知也会与之发生变化。你会开始意识到你的个人品牌正在起到作用，不管是在形象上还是在工作的成效上，都会发生令人兴奋的深刻变化。随着时间的推移，它会进一步转化为你想要的职位、收入或认可。

品牌信号：注意个人行为

> 随着我渐渐变老，我越来越少地在意人们在说些什么。我只观察他们做什么。
>
> ——安德鲁·卡内基（Andrew Carnegie），美国钢铁工业的创建人

你的个人品牌营销计划中的第一项活动就是你的行动。你可能认为前面提到的五个活动都是"行动"，但在这种情况下，我所说的"行动"是指视觉上可被人们观察到的行为，是可以影响你的个人品牌传播方式的行为。把它想象成你的自我领导能力程度，即你的整体态度与自我领导能力有关。

你可能甚至没有意识到你的一些行为，但它们会让受众对你的感知、思考和感受产生巨大的影响。

想一下你见过的人。也许你最近参加了一个社交活动，遇到了一个贸然出现的人，当他/她看到另外一位想要交谈的人时，一句再见都没有说就离开了你。你对那个人会有什么样的印象？也许你认识一个很聪明能干的人，但他却从不看你的眼睛，这给人的印象会是缺乏兴趣或信心。这些行为都会影响你的个人品牌在受众心目中的形象。

作为一名教练，我经常"暗访"一些高管，观察他们在工作场所中的行为。在暗访之前，许多高管会告诉我："我的政策是开放的。"意思是他们对待团队成员采取开放和可接触的态度，员工可以随时进入老板的办

公室。不过，当我暗访这些高管时，他们的办公室大门往往是关着的，他们与团队的沟通也没有他们想象中那么多。这些高管没有意识到，关闭办公室的行为对他们的个人品牌造成了什么样的损害。作为一名高管教练，我的工作是帮助他们超越盲点，从而改变他们的行为，强化他们的个人品牌。

我所谈论的行为既是社会共性的，又是与你的工作息息相关的。不管你在工作中表现得多么出色，如果你的行为让别人反感，你的个人品牌就会受到负面影响。那么，你如何才能控制自己的行为呢？

从他人角度看自己

这并不容易，但重要的是要以别人的视角来观察自己。从受众的角度"解读"你的行为是至关重要的，弄清楚你的哪些行为可能有助于你的个人品牌，哪些行为可能有害。这对自我品牌的成功至关重要。

了解你的行为最重要的方法之一，就是尽可能地了解你所发出的信号。当然，要记住，不同的人以不同的方式解读行动。

举个例子，艾琳（Irene）的老板非常严格，要求在截止日期前必须完成任务。这是她老板的核心需求之一——可靠性，尤其是在截止期限到来的时候。因此，艾琳认为"按时完成任务的可靠性"是她将体现在个人品牌领导中的关键优势之一，她开始通过行动不断地向老板传达这种力量。但仅仅是在截止期限前完成工作，这样可能会以她想要的方式传播她的个人品牌，也可能不会。

假设艾琳的老板要求她在周三早上 8 点前上交一份报告。

- 如果艾琳在周二早上 8 点提交报告，即提前一整天。这是一个非常不同的"可靠"品牌，不同于……

- 如果艾琳在周三早上 7:59 提交报告，即提前一分钟。是的，从技术层面上讲，她在截止日期之前完成了工作，这仍然是一个"可靠"的品牌，但这是一个非常不同的"可靠"品牌，不同于……
- 如果艾琳在周三下午 2 点跑进办公室，即晚了 6 个小时，说她的报告从公文包里掉了出来，在街上被人踩了一脚，报告也随之弄坏了。这根本算不上一个"可靠"的品牌。

当你评估自己的行为时，设身处地为你的受众着想。如果有人给你一个简短而含糊的建议，而不是一份内容丰富、有标题页和图表展示创意优点的提案，你会怎么看？或者，如果有人向你提出一个冗长的建议，你会做何感想？在未来的工作中，你最可能选择这些人中的哪一个合作？他们每个人都可能拥有自己想要的个人品牌——"创意达人"，但每个人的行动将对他们所期望的个人品牌的传播产生重大影响。

评估你自己的行为

有几种方法可以帮助你发现哪些行为可能需要调整：

- 拍一段你自己的视频。观察自己可以成为一个打开眼界的生活改变者。这可能不是你喜欢做的事情，但通过观察自己，可以帮助你了解自己需要做些什么，以改善别人对你的看法。
- 当你和受众互动时，邀请一位亲密知己观察你的行为，并给你反馈。理想状态下，这位知己应该能在不太明显的情况下观察你。确保你选择了一个你信任的人，一个最关心你的人。
- 仔细观察周围人发出的信号。他们是否显得放松和友好？如果不是，你的哪些行为会让人感到不舒服？
- 如果你在会议上做演讲，请一些与会者在会后给你反馈。如果你看到你信任的人，甚至可以告诉他们你在个人品牌上所做的工作，并请教他们你的行动是否有效支撑了你的个人品牌。当你在做这件事的时候，问问他们，什么样的行动有助于更好地传播你的品牌。还记得"五个词练习"吗？基于你在演讲中表现出来的明显的自我领导行为，你甚至可以请与会者用五个词来描述你。

注意你的肢体语言

你可能在不知不觉中养成了一些不利于传播你品牌的习惯。例如，当你参加一个重要会议时，突然听到一个恼人的敲击声。环顾周围，很可能是你在用脚轻敲地板，或者是用笔在桌子上敲打。大多数人完全没有意识到，自己正在通过行动向他人发送无意识信号。如果你表现出了没有意识到的紧张行为，请开始注意它们，以便控制你的兴奋或焦虑。

你的肢体语言可能会让你看起来好像缺乏自信。以下是一些需要注意的有关"紧张"的肢体语言动作。

- 咬指甲。
- 用手指敲击桌子。
- 跷着二郎腿，反复抖腿。
- 快速眨眼（这也可能是你在撒谎的信号，必须小心）。
- 紧握椅子扶手。
- 坐立不安。如果你有在座位上移动、玩笔等习惯，那就有意识地尽量保持静止。
- 说话时使用过多手势。据研究肢体语言的心理学家称，自信的人不需要做太多的手势来证明自己的观点。
- 别人说话时，你眼睛走神。如果你的眼睛走神了，说话的人可能会觉得你对他/她说的话不感兴趣。

保持"开放"的肢体语言，表达友好。以下是一些关于开放的肢体语言的小技巧。

- 如果你想让某人觉得你对他/她所说的话感兴趣，那就身体稍微向前倾。
- 如果你想在表达观点时表现出诚意，说话时把手掌放在胸前。
- 避免双臂交叉在胸前，因为这样会让人觉得你在封闭自我。
- 避免手插裤兜，因为这会被认为是内心防备。
- 男士们，当你们第一次走进房间时，请扣上西装外套的扣子，但当你坐下时，可以随意解开扣子。这不仅能防止你的西装卷起来，还能发出一个信号，表明你愿意接受。
- 该怎么坐呢？专家说，可以舒服地交叉双腿（只要你不频繁上下摆动脚）。
- 坐着的时候，不要向后靠在椅背上，也不要把双手放在脑后，因为这会传达出一种过于随意的态度，甚至可能给人一种过于自信或自大的印象。
- 如果你坐在桌子前，请把手肘放在桌子上，双手的指尖触碰桌子，这被认为是一种冷静自信的表现。

观察你感兴趣的人的肢体语言。他们做了哪些事，让他们如此受欢迎？另一方面，你在那些不被认为是可爱、平易近人的人身上，能看到什么样的行为呢？这也是为什么录制一段自己的视频是如此有价值的另一个原因。你可能会注意到，自己在无意识地做着一些你曾在别人身上见过的让人感到不亲切的行为。找出这些行为，在损害你的品牌之前完善它们。

你的个人品牌营销计划

当你反思自己的行为时，或当你考虑如何有效地传播你的品牌时，你认为最应该做的是什么？针对这一点，现在需要做的是把你的个人品牌营销计划中的行动部分整合起来。为了帮助你，凯瑟琳和埃里克也这样做了。回顾他们写的东西，然后完成你自己的营销计划中的行动部分。

| 凯瑟琳的个人品牌简介：
一个值得信赖的、独特的创意团队领导者，从不放弃，也从不让团队只满足于"好的"，而是激励整个组织达到更高的目标："优中之优"。 | →行动 | 她通过组织头脑风暴和研究引人入胜、发人深省的练习，鼓励团队更具创造力和生产力，帮助大家跳出思维定式。她经常询问团队成员的想法。在推进新的管理理念时更加自信。 |

| 埃里克的个人品牌简介：
一个"黄金标准"的制定者和成就者，完全可靠，并且致力于卓越的服务。 | →行动 | 自愿承担个人理财顾问工作，比如调查重要客户的账户，确定哪些产品和服务可能对他们有帮助。在分公司经理培训项目中发挥领导作用，根据自己与客户合作的具体经验，为受训者制订课程计划和案例分析。 |

看到了凯瑟琳和埃里克是如何利用他们的行动来推销自己的个人品牌后，你应该对如何通过行动来传播你的个人品牌有了大概的概念。为了让你想要的品牌在你的受众心目中成为现实，你需要采取哪些行动？

你的个人品牌简介：	→行动

品牌习惯：调整下意识的反应

> 重要的不是形势，而是对形势的反应。
>
> ——罗伯特·康克林（Robert Conklin），作家

还记得美国前总统比尔·克林顿（Bill Clinton）被发现在宣誓时撒谎吗？当他被指控在白宫性行为不端时，一开始他强烈反对，加以否认，但后来被证明是真的。几年之后，当克林顿总统出版他的回忆录时，他处理这个问题的方式却大相径庭，他不仅说出了实情，并解释说这是一个错误。所以，当面对严峻的挑战时，他的第一反应就是撒谎，他的第二个反应是将其解释为个人的失败。最终，他从整个事件中恢复得很好（每一个双关语都是故意的），但这是一个很好的实例，说明了反应的重要性，以及你的反应是如何影响你的个人品牌的。

让我们面对现实吧。当事情进展顺利的时候，你很容易与你想要的品牌保持一致。当事情进展不顺利时，你可能会发现很难维持你的目标。在感到紧张或压力时，大多数人都会面临我们的个人品牌反应的最大挑战。如果你想看看其他人真正的个人品牌是什么样的，那就看看他们对困难的处境做出的反应。因为对事件和环境的反应会影响你的品牌，对某个情况的消极反应会严重损害你的品牌，并阻止你充分发挥你的潜力。

我在这里谈论的是你可以看到、读到或听到的反应，即你面对一个意想不到的挑战的反应（你的反应也可以是消极的思想反应，但这不是本章

的重点。这一主题我们稍后再谈）。你的反应可以被看到、读到或听到，这肯定会影响受众对 YOU ™的感知、思考和感受。

注意：你对状况的反应是一种"耐力测试"，这种测试与传达个人品牌息息相关。你的个人品牌通常会如何反应？

这到底是谁的情感

你有没有听过这样一句话："你无法控制将会发生在你身上的事情，但你可以控制你对它的反应。"我不知道这句话最初是谁说的，但我非常认同其观点。我们经常说"他让我觉得自己的工作很糟糕"，或者"她对我的演讲的评论，让我很生气"。事实是，别人的行为可能会影响你的情绪，但你的反应只能由你来负责。没有人能"让"你感觉到任何东西，一切由你做主，所以你的反应是你做出的选择。你可以改变自己的反应——我所谈论的是进行自我控制，这是自我领导的一个重要因素。

回想一下，对发生的不愉快，你通常会做出的反应。比如在你将要离开办公室的前两分钟，一个意想不到的紧急任务出现了，或者你的老板给你发了一封电子邮件，对你没有做的事进行了训斥。如果你和大多数人一样，你的本能反应可能来自你的"直觉"，没有太多的有意识的想法。

这样的本能反应，可能是你长期养成的一种习惯。有时候，即使没有意识到这一点，一个人的评论也会让你想起几年前的负面情况，让你情绪失控。或者也许你已经习惯了以某种方式做出反应，因为这就是你看到父母面对坏事情发生所做出反应的方式。如果你没有立即对一个问题或一件事做出回应，你的老板可能会对你长篇大论。所以，你的消极反应可能只是伪装起来的根深蒂固的习性。

学会控制

学会如何抑制反应惯性，并用新的、更积极的习惯来应对。对许多人来说，这是一个挑战。学会控制情绪是一个终身的课程，但事实是，下意识的反应往往会导致困难，对你的品牌发展也不会有什么帮助。从长远来看，它们往往会让事情变得更糟。

一个案例：在公司正在进行的一次重要促销活动中，康妮（Connie）努力确定着活动需要的多个要素（小册子、店内购买材料等）。但该项目所需的册子晚了两天才开始打印，这是为什么呢？在打印过程中，由于时间管理不善，康妮真的感到了压力。负责打印册子的设计团队在过去一直为她提供服务，所以她毫不怀疑，这次他们也会尽一切可能帮助她。但册子晚出两天，并不是康妮雇用来做这项工作的当地小型设计团队的错，这是康妮的错。

当康妮最后一次和设计团队谈话时，她得到的承诺是材料最晚在第二天中午之前寄出。然而，第二天早晨，康妮注意到了一个之前没发现的小错误，她惊慌地打电话给印刷工人，想告诉他们这件事，以便他们能在最后时刻修改好。但是，工人没有回应。事实上，电话答录机说今天整个设计公司都关门了！康妮非常愤怒，立即在公司的语音信箱里留言批评这位设计师，说这将是她最后一次和他们合作。15分钟后，电话响了，是设计公司的负责人打来的。他解释说，那天上午他们之所以关门，是为了全力以赴在中午的最后期限之前完成康妮需要的设计工作。从他的语气中，康妮知道他听到了自己的留言。她很尴尬，不停地道歉，但从那以后，他们的关系就再也不一样了。康妮的反应最终破坏了他们之前良好的工作关系。

根据我多年追踪高管的经验，我了解到，下意识的反应很少能强化个人品牌形象。

让自己平静下来的艺术

这里有一些快速简单的技巧可以帮助你释放负面情绪，找回平衡。你练习得越多，它们就能越快地帮助你控制你的反应，保护你的领导品牌。

• 深呼吸。当你对一件事有消极的反应时，你会有心跳加快、呼吸急促的反应。这是一种自然的"战斗或逃跑"反应，但深呼吸可以抵消这种反应。练习从你的横膈膜呼吸（腹式呼吸法），深深地吸气，再慢慢呼气。

• 积极的自我暗示。心理学家说，当你感到愤怒或沮丧时，让自己进入一个更好的情绪状态的最好方法之一就是说服自己摆脱坏情绪。你可能无法马上完全解决这种情绪，但你可以减弱情绪，以控制你的反应。

举个例子，让我们想象一下这个场景：一个同事告诉你，有人在你不知情的情况下跟老板说了你的坏话。你可以对这人大喊大叫，或者你可以冲进你老板的办公室。但由于你还不确定这一事件是否真的发生了，所以你的冲动可能会造成很多伤害。

相反，练习自我对话来管理你的情绪。回归到例子中去，你真正知道的才是真的。例如，你不知道别人说了什么，或者这些话会让你老板对你的看法产生什么样的影响（如果有的话）。你可以提醒自己，你和老板的关系很好，一个人的意见不太可能改变你在老板心目中的形象。你可以告诉自己，即使最坏的情况发生了，你也会专业、体面地展现自己。即使你决定去找你的老板，问问发生了什么事，你的自言自语也会帮助你平静而自信地进入办公室。

控制你的个人品牌

下面是一些建议，能够帮助你学会控制自己的下意识反应，以显示你的自我领导能力，以及在工作中的品牌一致性。前三种是最常见的可见反应类型，第四种是声音和书面反应类型。

这些看起来熟悉吗？我知道我个人在某一时刻经历过所有这些反应。

面部反应。你是一个情感外露的人吗？或者说你是情绪化的人吗？如果你是一个情感非常外露的人——你的感受和想法都暴露在脸上让所有人看到，那么就试着对着镜子练习你的"扑克脸"。或者，让一个朋友或信任的同事观察你，让他们分享对你面部反应的看法。你对自己的面部反应了解得越多，练习得越多，在工作中遇到困难时你就越能保持冷静。

语言反应。如果你在意想不到的负面情况出现时，很容易变得生气或言语上自我防御，那就赶快休息一下。我所见过的优秀品牌建设者解决这个问题的最有效的方法，就是先花五到十分钟的时间冷静下来，在回应之前整理好他们的想法。人们会因此更加尊重你。简单地说，"我需要花几分钟整理一下我的思绪，然后再和你联系。"关键是"了解你自己"，做你需要做的事情，以避免做出破坏性的反应。

有时候，说得越少越好。事实上，最好的反应可能就是保持安静。沉默反应可以传达力量和信念。学会在适当的时候保持沉默，这会对你有帮助。

身体反应。许多人在面对消极情况时会做出身体反应，比如手心出汗或脸红，有些人可能会通过反复轻敲钢笔或抖脚来缓解紧张。如果你有上述任何一种反应，学着用自言自语或深呼吸的方式让自己平静下来。研究表明，深呼吸不仅会减慢心跳，还会影响神经系统，改变身体中的化学成分。你甚至可能会发现，在紧张的情况下，用手掌捂住小腹所带来的温暖会让你变得平静，这是一种身体的"重置按钮"。

电话和电子邮件反应。永远不要在电话或电子邮件中做出你在面对面时不会做出的回应。如果有人在电话或电子邮件中对你无礼，那么请你深呼吸，在脑海中从一数到五。虽然这个人可能不是你的受众，但他／她可以很容易地对你的受众或非常了解你的受众的人说一些关于你的负面评论。换句话说，你的个人品牌一直处于"开启"状态。所以，对一个可能过得很糟糕的人做出下意识的反应是不值得的。记住你想要传达的品牌，请谨慎地选择你的战斗。因为一个小评论而责备别人的满足感，远远比不上一个伟大的个人品牌把你的事业带到一个新高度的满足感。

这里有一些方法可以帮助你控制这些反应。

·准备。在危机发生之前做好准备。首先，列出在不同情况下，拥有个人品牌的人会有怎样的反应。你在工作中遇到某些事情，你的品牌会如何应对？这个人会表现出什么样的面部反应、身体反应等？这个人是如何通过他/她的反应来传达他/她的品牌的？

让我们来看看埃里克的个人品牌简介声明。埃里克是哈德逊国际银行的分行副经理，你会记得他的个人品牌是："一个'黄金标准'的制定者和成就者，完全可靠，并且致力于卓越的服务。" 如果一个拥有该品牌的人遇到一个明显是客户错了的问题，他会做何反应？他会指出这个错误是客户自己犯的，还是作为一个致力于卓越服务的人，他会深呼吸，用机智和礼貌来解决问题？

根据你想要传达的品牌，探索不同的场景和反应，这将为你提供一个路线图来处理工作中可能出现的各种情况。你将能迅速超越你的本能反应，因为你将学会本能地以这种想法做出反应："这种情况下，拥有跟我类似个人品牌的人，会把注意力集中在帮助团队进展更顺利的事情上。"当你遇到意想不到的事情时，你会更加自信，因为你已经准备好如何应对。

利用每一次经验来提高。当事情没有完全按照你的计划进行时，不要对自己太苛刻，专注于你在未来可以提高的地方。我们每个人都不是完美的，但关键是要从错误中学习，找出下次你能做得更好的地方，并把它添加到你的营销计划中去。

当你认为你可能会做出负面反应时……

·立即诚实地问自己：负面的下意识反应有什么好处？表达你的即时情绪反应除了带来暂时的满足感之外，还有可能带给你什么结果呢？提醒自己，你可以在私下释放自己的情绪，下意识的反应只会让受众对你的已有形象更加根深蒂固，而不是加深受众对你试图为自己打造的品牌的好印象。把你的目光放在你想要的个人品牌上，记住改变需要时间和训练。

·用自我对话来提醒自己你正在努力传达的品牌。在你的脑海里一遍又一遍地重复你想要传达的关键特质。记住，不管你有什么理由，可以生气地说些什么，重要的都是要专注于你想要传达的品牌。把你的个人品牌简介放在显眼的地方，这样就能对自己的工作方向，起到一个经常提醒的作用。

·提前为自己的成功做好准备。例如，如果你正在准备向受众做一个演讲，且希望得到不低于预期的反应，那么请记住环境可能与受众的反应有很大关系。房间是否太热或者太冷？人们是否被空间限制？搬到大一点的房间会比较好吗？创造最合适的环境，让你和其他人保持专注和积极。

·记住，你的反应可能会影响到你身边的每一个人，而不仅仅是你特定的受众。举个例子：理查德（Richard）在一家新公司找到了一份会计主管的工作——一份他梦寐以求的工作。上任后不久，他关着门在办公室里与公司的主要银行联络人进行电话交谈。不幸的是，谈话进行得并不顺利，理查德非常沮丧，开始对那位银行家大喊大叫。理查德没有意识到，他的整个会计团队都能听到他在屋里尖叫。当他从办公室出来时，职员们都带着关切的神情盯着他。他后来告诉我，当时职员们的表情似乎在传达一个问题："下一个是我吗？"

避免遗憾

如果你像我一样,可以想象一些你希望自己能够重来的情景,以一种不同的方式做出反应,这样当你以后回想起这些情景时就不会退缩。所以,还有一种方法可以更好地控制你的反应,那就是思考你想要怎样记住未来的经历。为了避免后悔,你该如何以一种日后会让你自豪的方式做出反应呢?

当我即将做出负面反应时,我会花点时间问自己:"这真的像我想的那么糟糕吗?"一旦最初的情感潮涌过去,我发现我就能更好地将自己的情感从情境中分离出来,并看得更清楚。因此,过度反应很可能只会导致后悔的记忆,尤其是如果它在这个过程中严重损害了你的个人品牌。为什么要把不愉快的记忆添加到你的记忆列表中呢?

把你的反应付诸行动

现在,让我们来看看凯瑟琳和埃里克,看看他们是如何计划管理自己的反应的,这是他们个人品牌营销计划的一部分。

凯瑟琳的个人品牌简介:		
一个值得信赖的、独特的创意团队领导者,从不放弃,也从不让团队只满足于"好的",而是激励整个组织达到更高的目标:"优中之优"。	→反应	准备一份反应清单,以应对上司没有马上接受你的想法的状况。当布鲁斯像往常一样"贬低"新概念时,努力保持冷静。在适当的时候,不要害怕,以沉默回应,而不是以插话开始交谈。

| 埃里克的个人品牌简介： 一个"黄金标准"的制定者和成就者，完全可靠，并且致力于卓越的服务。 | →反应 | 针对可能与分行经理间发生的问题，进行积极的自我交谈，提醒自己不要把她的压力变成自己的压力，为沮丧的客户准备和预测各种适用的反应，以保持自我冷静。 |

好了，现在轮到你了。为了持续地传达你的个人品牌，你需要如何调整你的反应?

| 你的个人品牌简介： | →反应 | |

品牌包装：打造深刻的第一印象

永远不要相信一个瘦子厨师。

——佚名

一个残酷的事实是，人们对你的评价首先是基于你的外表，从头到脚。我们都这么做——这只是人性使然。事实上，研究表明，第一印象的建立，决定于双方初次见面的前三至七秒。

你可能会说，"我没有电影明星的脸或身材……我能做些什么呢？"嘿，我自己也不是选美皇后，没人指望你会是。这不是要你变得光鲜亮丽，而是在说为你的个人品牌展示出最佳形象。

你可能听过一句谚语："永远没有第二次机会，给人留下第一印象。"这是真的，但这并不意味着你没有机会给别人留下第二印象，从而改变别人对你的第一印象。尽管如此，无论你如何分割它，初始印象都很难被改变。个人品牌的第一印象往往是在无意识中迅速形成的，要改变别人对你的第一印象需要付出艰苦的努力。所以，为你的个人品牌打造出最佳形象，将能够帮助你塑造出你想要受众看到的 YOU™。

个人品牌的包装

把你的形象看作是你个人品牌的"包装"。就像洗发水瓶的设计，蕴含了一定的品牌形象，你的形象也传达出关于 YOU™ 的信息。针对你的理念、态度、价值、身份、立场以及你所提供的内容等方面，受众会从你的外表形成看法。

大公司投入大量的时间和金钱来开发一个品牌的包装设计，因为他们知道"包装"对一个品牌整体形象是多么重要。他们知道一个品牌的特质是通过包装来体现的，并且他们知道特质与该品牌的实际销售状况有很大关系。

如果你仔细想想，一个品牌的包装难道不会帮助你在购物时做出选择吗？想象一下，你站在超市的货架前，必须在两个不太了解的品牌之间做出选择。在其他条件相同的情况下，如果你和大多数人一样，你很可能会选择包装是你最喜欢的那个品牌。

你的受众也会以同样的方式看待 YOU™ 的品牌标志。

我知道你不可能控制你形象的每一个方面。我绝对不是建议你去整形外科！关键是要掌控你的形象。你是自己的品牌经理，你的工作就是确保你的"包装"能给人留下深刻的第一印象。

注意

许多人有这样的误解，觉得个人品牌是关于你看起来怎么样的，比如你的发型，你的衣着，你是否戴着"合适"的领带或穿着合适长度的裙子，等等。但是，仅仅试图通过你的外表来传达一个伟大的个人品牌是远远不够的，你的外表仅仅是你的个人品牌的冰山一角。

别误会我的意思——你的形象是你的个人品牌的一个重要因素，它肯定在很大程度上能够帮助你传达个人品牌（如果不是这样的话，我就不会用一整章的篇幅来描述它）。但希望你现在已经意识到，你的个人品牌不仅仅通过你的外在形象来表现。

学着建立你的个人品牌形象

你的长相不一定要漂亮或帅气。个人品牌形象是向世界展示你所定义的品牌，是要体现出你想要传达的品牌。当你决定自己的个人品牌形象时，一定要记住这一点。为了帮助你更好地理解，我列出了一些关于你的品牌形象方面的关键清单，这个清单需要在传播你的个人品牌时谨记于心。让我们从头到脚甚至更多地一一进行检查。

你的头发。除非你的个人品牌是"时髦摇滚明星"，否则请记住这一点：频繁、剧烈的发型变化可能不会在工作中传递出最好的品牌形象。在我很小的时候，有过一个惨痛的经历，使我认识到发型的迅速改变可能会严重损害我的品牌。我刚从大学毕业，在我的第一份工作中，有一天早上，我顶着一头非常夸张的大卷发到了办公室（想想孤儿安妮①）。我当时22岁，那时候觉得这个发型很有趣、很好玩，但团队的其他人不这么认为（当然，当我现在看到自己留这种发型的照片时，会有些尴尬……）。我在这家公司待的时间还不长，所以突然间，每个人都看着我，好像在问："她打算下一步做什么？"我没有展现出一个稳定的品牌，而这正是我从职业生涯早期就试图建立的核心，我只是无意中传达了一个不可预测的品牌。这个发型并没有成功，因为当时我的老板/受众都是40多岁的传统男性。哎呀！

这个故事的寓意是，经常改变自己的外貌可能并不能说明你想在工作中坚持到底的意愿。其他人可能会认为你是不确定性比较大的人，能做出突然改变发型之类的事情，甚至有一天你会突然不再出现在办公室。为了搬到塔斯马尼亚（澳大利亚的一个岛），你会提前一周辞职吗？好吧，我有点夸张了，但你懂的。

在工作中，像我们所有人一样，你的受众有很多事情需要担心和管理，

---

① 1936年美国电影《安妮》，孤女安妮在影片中的形象。

比如组织变化、技术变革、人事变动等，所有这些变化都会造成压力。那么，为什么要通过不断地修改和更新你的形象来给工作环境增加更多的变化和压力呢？它会吓到人的！不管你喜不喜欢，几乎每个人都喜欢和他们知道可以依靠的人一起工作。因此，最好避免发出不好的信号，以免给人留下不可靠的印象。你不会希望被人记住是因为你的发型，相反，你希望人们记住你则是因为你的价值观、你的优势、你的激情。

也就是说，如果你的个人品牌是"立意奇特、创意十足"，那就去做发型改变吧！对于我们其他人来说，剧烈的变化可能不是一个好主意。

你的皮肤。你可能会想："我的皮肤？我的皮肤和我的品牌有什么关系？"好吧，让我们面对现实吧：你的皮肤是你外表中最显眼的部分之一，它实际上可以说明你有多爱惜自己。你可能会说："不公平！我没有完美无瑕的皮肤。"好吧，欢迎加入我们的俱乐部——我们大多数人都不是。你不必拥有完美的皮肤，你只需要尽你所能。简单地了解你的皮肤需要什么，才能让你看起来更健康。这也适用于男性。

- 对于男性来说。越来越多的人开始关注男性如何护理自己。近年来，数十种新的男性护肤品推向市场是有原因的。所以，朋友们，护肤品店正在兴起。开始行动吧，选择一两个产品。这意味着每天剃须——抱歉！——或者定期修剪面部毛发，当然，前提是你的品牌不是像演员科林·法瑞尔（Colin Farrell）一样留有络腮胡的沧桑男孩。

- 对于女性来说。当男人变老的时候，脸上的纹路和皱纹会让他们更显"睿智"，但是当女人变老的时候，有时会发现自己早已退居二线了。这残酷的现实是怎么回事呢？这是一个不公平的事实，男人们的发展似乎不受他们皮肤老化的影响。事实就是这样，至少目前来看是这样的。而女性需要接受的事实是，为了使自己看起来年轻貌美需要付出很多。个人品牌建设者也是一样。

这是另一个惊人的事实：研究表明，化妆的女性比不化妆的女性多挣20%~30% 的钱。我强烈建议所有的女性都不要理会这个建议，当然，除非你想赚更多的钱！如果你不喜欢化妆，也没问题，简单的淡妆就行。太多比太少更糟糕，但是太少了，对你的个人品牌（或者你的钱包）起不到多大帮助。

最后，如果你还没有听说过紫外线对皮肤的伤害，那么你可能是住在远古时代的人。这只是一句玩笑话而已，但那些令人讨厌的统计数字是真实的。我的一些家庭成员患有严重的皮肤病，所以我知道这不是一件可笑的事。即使你的个人品牌形象是粗犷的，长时间不涂防晒霜待在阳光下最终也会受到伤害。

你的笑容。 根据面部表情专家、加州大学旧金山分校名誉心理学教授保罗·埃克曼（Paul Ekman）的说法，微笑可以从 30 米以外的地方看到，而且能立刻传达出微笑者有"善意的意图"。

所以，不要害怕微笑。在适当的时候，尤其是当你第一次见到某人的时候，一个自然而舒适的微笑，可以传达出"我自信、我坚定、我友好"等你想要的个人品牌形象。

你的身体。 一个可靠的建议是定期锻炼。你听过多少次了？但许多医学研究已经证明，锻炼能让你看起来更好，因为它能让你更健康。下面是已经证明了的锻炼的其他好处：

- 让你感觉更好。
- 使你的衣服更合身。
- 促进你的血液循环，改善你的皮肤颜色。
- 让你睡得更好，这可以减少黑眼圈和眼袋。

所有这些都很难反驳，所以走出去锻炼吧。你看起来越健康，你就会给受众留下越好的印象。你的个人品牌难道还不值得你去公园里慢跑吗？

你的姿势。我妈妈常说的一句话经常回响在我耳边："注意你的姿势！站直了！"当时，我不知道她在分享一个多么强大的个人品牌秘密，但现在我知道她是对的。优秀的个人品牌的建立者意识到了肢体语言专家多年来一直在说的话：强大的自信是通过挺直肩膀而不是弯腰来传达的。走路的时候要向前看，不要向下看，这样可以传递自信。

当你坐在椅子上时也是如此：不要弯腰驼背。如果你穿的是西装外套，在坐下的时候将它的底部压到你的屁股下面，这样它就不会往上涌，且围绕着脖子打转。站着的时候，系上西装外套扣子会更好看，但如果你坐着的时候系着扣子，西装就会翘起来。女性也会遇到这个问题。

女士们，如果你打算穿裙子，那么一定要注意坐下来的时候要确保裙子不会露出大腿太多。你的衬衫怎么样？你坐着的时候它会张开吗？事先照照镜子。

你的衣服。在过去15年里，相当多的发达国家出现了办公室里穿休闲装的趋势。然而，《今日美国》（*USA Today*）报道称，在同一时期，美国企业遇到的性骚扰诉讼数量激增。"为什么？"文章问道。这一理论认为，人们在办公室里穿得很随意——就像去酒吧时穿得一样——以至于他们在办公室开始模仿在酒吧里的行为。所以，我们的穿着会向我们自己和周围的人发出信号，告诉他们什么是得体的行为，什么是不得体的行为。不要低估它的重要性。

演员们会经常告诉你，当他们装扮上戏服时，他们可以立即进入角色。所以，你的着装不仅会影响别人对你的看法，而且还会影响你对自己的看法，进而影响你的行为方式。你已经知道，在把自己的品牌传达给别人时，你的行为的重要性。

你可以这样想：如果你想要专业地"表演"，你需要为演出穿上合适的服装。作为一个聪明的个人品牌建设者，要确保你穿的每件衣服都能传达出你的品牌以及你希望在工作中得到的评价。

以下是为塑造你的个人品牌而挑选衣服时要注意的一些事项。

· **投资高质量的衣服。**不要过分跟随最新的时尚潮流，因为对时尚行业以外的其他行业来说，紧跟时尚有时会显得太过夸张了。即便你没有良好的经济条件能挑选一整柜的非常适合你的个人品牌的衣服，也要额外花一些时间和金钱去买一些高质量的衣服。不管怎么样，相比于衣服的数量，人们往往更注重衣服的质量。

· **保持衣服干净整洁——没有磨损，没有破洞，没有缺扣。**当我在宝洁管理洗衣品牌时，我需要告诉人们我在洗涤行业工作，每个人都不可避免地会立即看……你猜对了……我的衣服。还记得本章开头那句话里的瘦子厨师吗？这个理论也适用于我在洗涤行业的工作，我和我工作时穿的衣服的比对。因为我的职业，人们会认为我穿的衣服会是最好的。压力来了！所以，我开始更加注意保持衣服干净整洁以得到受众的现场认可。这实际上是一堂很好的关于个人品牌建设的课。我和我的衣服代表着××品牌，就像你在工作场所代表"你"的品牌一样。你应该对你的个人品牌负责，因为受众会通过你穿的衣服来评价你的个人品牌。

花点时间以局外人的角度客观地看待你的衣服。你的衣柜显示了你的什么特征？如果你觉得很难做到客观，可以找一个值得信赖的朋友，甚至是形象顾问给你建议。然后，一定要检查你的衣服有没有磨损的褶边、裂缝、污渍和脱线。你的裙子或夹克已经过时了吗？如果是这样的话，把这些东西丢掉你会不会觉得更好？为了你的个人品牌，这么做吧。

· **你的配饰。**说到配饰，有两个重要的原则是伟大的个人品牌遵循的。第一，追求品质，而不是数量。认真选择你的配饰，不要过度。配饰（腰带、领带、袖扣、围巾、珠宝等）只是配饰，这意味着它们应该为你的形象添彩，而不是让你的形象显得过于夸张。

第二，检查你的配饰是否符合你的品牌定位，是否能被受众接受。如果你的品牌是"可靠，偶有惊奇优势"，那么，请无论如何都要在你的夹克翻领上别一个有趣的别针，或者系上一条醒目的领带。关键是要确保你的配饰有助于传达你的个人品牌，而不是分散受众对你的品牌的关注。

你的手。你的手比你意识到的要容易被人看见。前一刻，你可能在用你的手来比画写在白板上的东西；下一刻，你坐在老板对面的办公桌前，用手指着一份报告；再下一刻，招手为客户叫了辆出租车。如果你不是一名工厂工人，但是却指甲粗糙肮脏，手部皮肤干燥起皮，那么你的手就会传达出错误的个人品牌印象。

所以，不要低估了修饰双手的重要性——这对男人和女人都适用。越来越多的男性希望自己的手和指甲干净整洁。如果你还没有把修剪指甲作为你个人品牌适当护理保养的一部分，那么现在开始这样做吧。

你的鞋。我曾听人说，你的鞋子显示了真实的你，我不得不承认：在我单身的时候，男人的鞋子通常是我最先注意到的事情之一。他的鞋子干净吗？有磨损吗？闪亮吗？便宜吗？我向你保证，我不是那种痴迷于鞋子的人，但我真的觉得可以根据鞋子判断一个人是否适合我。顺便说一下，最后我和一个喜欢穿艾伦埃德蒙兹皮鞋（Allen Edmonds）的家伙在一起了。

鞋子可以而且也确实传达出了你的个人品牌的强烈信号。所以，停下来看一看，看看你的鞋子怎么样，你的鞋子能够代表你想要的品牌吗？看看你衣橱里的鞋子，确保"鞋代表 YOU™"。

个人品牌扩展

说到形象，我指的不仅仅是你的身材或者你的衣柜。你如何对待工作中其他任何你负责的事情，也反映了你的个人品牌。

你的书桌。你的书桌显示了你什么样的个性？桌上是一团乱，堆了一堆文件、旧备忘录、书籍和杂志吗？还是整洁有序？你的办公桌环境传达出了什么品牌特质？这和你想要的品牌是一致的吗？

你的办公室/工作区域。你的工作环境不仅仅是你的办公桌。你墙上的照片、画、家具以及你所保存的任何东西都是你品牌的一部分。客观地看待你的办公室，你在那里看到了"谁"的风格？如果你不知道它属于谁的办公室，你会怎么看待这个人？这是你想让别人感知、思考、感受你个人品牌的方式吗？

你的书写。你写的电子邮件或创建的备忘录、报告、演讲和图表等，这些文件看起来很有吸引力吗？它们的布局是否很好？里面重要的信息是否能很容易找到？你的书写是否恰当地代表了你的个人品牌？

你的网络形象

你在互联网上的形象可能会在许多方面严重损害你的个人品牌。媒体上有无数关于人们因为在社交媒体上发表的言论而被解雇的报道，以下是一些例子。

- 一个师范大学的学生上传了一张自己拿着杯子的照片，杯子上写着"喝醉的海盗"，这构成她所在大学拒绝给她颁发教育学学位的理由。她对学校提起诉讼，但最终败诉了。
- 一名银行职员打电话请病假，说她无法在电脑前工作。当她的雇主发现她在脸书或推特上消磨时间的时候，她被解雇了。
- 维珍航空对在脸书或推特上发布负面评论的空乘人员采取了纪律处分。

所以，在把去年狂欢节的疯狂照片发到你的脸书主页上之前，请三思。如果你写博客，使用推特、谷歌+、照片墙、领英或任何其他社交网络，请密切关注你所分享的内容。在发布任何东西之前，一定要先问问自己："渴望拥有个人品牌的人，会把这些东西发布给所有人看吗？"避免对他人（尤其是客户或同事）的负面评论，避免使用脏话或发表具有强烈政治争议的观点，或者别的可能让你或其他人尴尬的个人信息。记住：互联网上几乎不存在隐私。一旦你发布了它们，你的话就"在那里"，你可能在无意识间就损害了你的个人品牌，比点击鼠标还要快。

你有了"形象"

最重要的是，你可以控制形象的许多方面，你可以把"你"的形象变成"你的个人品牌"的形象，并从中得到乐趣。但不要只在特殊场合才为你的品牌得体着装。想想看：如果你要为来访的贵宾做一场大型演讲，你肯定会竭尽全力，那么为什么不假装每天都要做一场大型演讲或与一位重要的来宾开会呢？你可以让每一天都成为"我的个人品牌形象最好的一天"。你会自我感觉很好，你会知道自己符合自己想要的品牌。此外，你永远不知道什么时候你可能会被要求给一位贵宾做一次即兴演讲。

你的个人品牌拼贴

你的形象和你的个人品牌应该是相辅相成的，所以回顾一下你的品牌特质声明。在你的个人品牌定位声明中，应该有五到六个描述性的词汇和/或叙事性句子用于描述你的特质。记住这些话或故事，翻阅杂志和报纸，剪下你认为最能代表这些话的图片图像。你可能会剪贴出你认为最能传达出你想要的个人品牌的形象，比如说，某种类型的服装、精心护理的双手、特别修剪的发型、精致优雅的鞋子，等等。

接下来，找一些你的照片——或者更好的是，打扮成你想要塑造的品牌形象的典型样子，拍几张照片，把它们放在你剪贴的杂志照片边上。对比一下，在你自己的照片中看到类似的"品牌效应"了吗？如果没有，最偏离你想要的品牌形象的地方是什么？你的得体搭配是什么？你可以从哪些方面进行调整？哪些改变是最能有助于塑造你想要的品牌形象的？在你的形象非常接近你喜欢的杂志照片风格之前，保持努力，改变你的形象。

你的"形象"营销计划

坐下来，从形象的角度来思考你现在的个人品牌形象，你在哪些方面做得比较好？哪些方面可能做得不够好？哪些努力能帮助你的形象与你想要传达的个人品牌更加匹配？

为了从不同的角度来看待这个问题，让我们来看看凯瑟琳和埃瑞克是如何计划确保他们的形象符合其个人品牌的。

| 凯瑟琳的个人品牌简介： 一个值得信赖的、独特的创意团队领导者，从不放弃，也从不让团队只满足于"好的"，而是激励整个组织达到更高的目标：一个"优中之优" | →外表 | 重新装修办公室，以体现突破束缚、极具创新意识的个人品牌。寻找最前沿的新艺术作品，投资现代且专业的新办公桌配件。 |

| 埃里克的个人品牌简介：
一个"黄金标准"的制定者和成就者，完全可靠，并且致力于卓越的服务。 | →外表 | 护理好皮肤和手，由于它们总是出现在顾客面前。每个月末周四晚上定期做基础美甲，保持指甲的形状。买一些无味的护手霜，防止因为整天都处理文件让手部变得粗糙。 |

现在，轮到你了。你的市场营销计划是什么？你会采取什么步骤来让你的形象更符合受众对你的个人品牌的感知、思考和感受？

| 你的个人品牌简介： | →外表 | |

品牌发声：发挥声音的力量

> 声音赋予语言以生命，是一种"声临其境"的形象。不管是大声朗读还是默默耳语，声音，它就在那里。
>
> ——A. A. 帕塔瓦兰（A.A. Patawaran），作家

就目的而言，声音不仅表达内容，而且也是一种表达方式。如果你一开口，你的声音就破坏了你的个人品牌，那么你实际所说的话就不那么重要了。因此，就像你的外表一样，你的声音可以立即让人产生第一印象，这可能会影响你的个人品牌。

你的声音到底有多重要呢？声音对我们产生的影响，往往会被忽略掉，也许是关门的"砰砰"声，午夜大风刮过的呼啸声、枪声、微风中摇曳的钟声，或者是海浪拍打沙滩的声音。不仅仅是音乐，还有许多声音绝对有影响我们的力量。

你能控制吗？

你的声音可以为你带来巨大的品牌力量。但就像你的外表一样，你的声音中有一部分是你可以控制的，也有一部分是你无法控制的。好消息是：为了个人品牌，你的声音里有很多地方，绝对可以且应该努力进行加强。

节奏。你说得太快还是太慢？任何极端都会产生问题。

· 如果你说得太快，你可能处在不耐烦、紧张或匆忙状态中。其他人

可能会难以跟上你的步伐，他们可能会暂停而试图去理解你——这是形成沟通障碍的一个明确信号。

以美国电视广告的处方药为例，在播放了制药公司想让你听到的信息之后，播音员正准备播放患者"注意事项"，即分享药物副作用的时候，你会突然发现播音员的语速快到难以置信，说话的时候好像字里行间都没有了停顿空格。

• 如果你说得太慢，人们也很可能会感到疲倦、不耐烦或无聊。如果你发现别人经常打断你的句子或想知道你接下来想说什么，这发出了一个信号：语速太慢。

如果你无法确定传达你的个人品牌的声音节奏是快还是慢，那就录下你的声音，听它，或者让一些朋友告诉你是太慢还是太快。

音调。虽然你不能改变你的声音，但你可以改变音调。过高或过低的声音真的会令人厌烦。我曾经有一个办公室助理，她管理水平很高，但她的声音，尤其是在电话里，总是保持着一个恒定的、非常高的音调。有几个客户甚至向我抱怨：在电话里听这个助手讲话让人不舒服。所以，我开始和她合作，帮助她降低音调。我们试过几种方法，但最终奏效的是让她假装自己是一个高大魁梧的相扑选手，且声音低沉。想想她不到一米六的身高，体重也不重，是不是很有趣。但幸运的是，接下来我们知道的是，她的声音不再尖锐，客户也不再抱怨。整个变化过程对她来说也很有趣。

听你记录下来的声音，如果发现存在太高或太低的情况，那就得尝试加以改变，并留意会带来什么样的效果。只要稍加练习，你就会发现他人会更加专注倾听你的声音。

如果音调给你带来特别大的困扰，而且自我改变实在太难，那么你可以尝试请一位教练来加强练习。这会给你的个人品牌带来不少好处，使你更加充满自信。

发音。声音的另一个重点是你发音的清晰度。无论你想要传达什么样的个人品牌，简洁、正确的表达都是至关重要的。如果你发现自己很难清楚地说出单词，或有时很难正确的发音，那么需要考虑三个步骤：练习，练习，再练习。

其中一种方式是通过录音，录下自己阅读文章时的声音。然后，回放录音，听听你是如何发音和发声的。让其他人也听听你的录音，并确保他们能理解你说的每句话。如果你的发音足够好，请相信他们会立即反馈给你。

你属于抱怨者类型吗？一种有效的检验方法就是，人们要求你重复刚才所说内容的频率。如果人们经常这样要求你，一天两到三次，那么你很有可能存在词语含糊的情况。一旦你不能清晰地表达每个词语，那就存在损坏你个人品牌的风险，给人的印象就是粗心大意、马虎、不在乎被人理解。或者更糟糕的是，你可能会被认为是一个能力不强的人，这简直就是你个人品牌的直接克星。

音量。避免太大声或太轻声。没有人喜欢被人高声吼叫，所以，如果你说话太大声，你就有可能会传达出一个"恶霸"或专横跋扈的个人品牌特质。在电话里尤其如此。你是否曾经接到过这样的电话，由于对方声音太刺耳，不得不把话筒从耳边移开？这种让人感觉不舒服和扰人的形象，应该并不是你想要传达的品牌。

另一方面，说话太轻声是毫无意义的。这听起来可能有点苛刻，但老实说，要么说出来，要么闭嘴。听别人说的话，要始终全神贯注，是件相当磨人的累活。说话太轻声，人们很快就会转移注意力，不会继续听下去。

不幸的是，一说起使用低音量讲话这事，女性往往占大多数。在我曾待过的一家公司的董事会上，其企业首席财务官是一位非常能干的女性。然而，在董事会会议上，她每次讲述财务报告时总是轻言细语，以至于整个董事会成员都要附身听她讲话。首席执行官试图指导她，让她更大声地说话，但似乎没有什么效果。出于无奈，她被要求在西装领上佩戴一个迷你夹式麦克风，每次讲话时都要打开。从表面上来看，她觉得这样相当有趣而且挺讨人喜欢。但事实并非如此。她其实传导了一个糟糕和软弱的个人品牌形象。很显然，这让一些董事会成员开始质疑她作为首席财务官的能力，因为她无法对克服自己天生的"沉默"。

如果说话太轻声是你的挑战，可以做以下这些方面的尝试：假装你的听众坐在很远的角落，而你需要不断提高音量来使对方听见。如果这样做仍难以改变你的音调，那就去上一些相关课程吧。

说话过多。如果你总是滔滔不绝，旁人根本无法插话，这时就要学会停顿、深呼吸和注重倾听。然而当你处于兴奋或紧张状态时，很容易忘记这样做。但如果不这样做的话，你的听众很快就会把你排除在外。事实上，那些说话过多的人给人的印象往往是以自我为中心或不愿倾听他人意见。尤其是那种习惯打断他人讲话的人。可以相当肯定地说：这的确不是个人品牌的"助推器"。

说话太少。与说话过多相反，言语过简也是问题。你大部分时间都处于安静状态吗？尽管一开始可能很难，但为了你的个人品牌，大声说出和参与对话是至关重要的，尤其是在会议上。毕竟你被邀请参会是有原因的，是需要有所贡献的。所以一定要这么做。

情感的力量。想想那些你听过的充满激情的演讲。正是那些演讲者能够引发情绪，让听众们坐到座位的边缘，竖起来耳朵来倾听。当然，他们使用的词语可能对你产生影响。但是如果这些话不断重复，语调平平，演讲就会显得平淡无奇。一个伟大的个人品牌建造者都知道，只要表达出恰当的情感，就能让听众投入其中，全神贯注地倾听信息。

所以，重新听你的录音。实事求是地自问：我通过我的声音模式传播出了什么样的情感？是充满活力和热情，还是空淡无力和缺乏承诺性？有说服力吗？如果你发现你始终只有一个音调，即那种在一段时间后听起来很单调的声音，那么就开始练习改变音调，并努力使你的声音充满恰当的情感。同样，如果这对你来说确实是一个困难的问题，且有机会能向声乐老师请教，那么这样做肯定能对你的个人品牌产生积极的影响。如果你不太确定你的声音是否带有情感，那么可以请教下他人。

电话。到目前为止，关于声音我们之前所讨论的所有方面，对你的电话声音和个人语音同样重要。不要低估你的声音在通过电话传达你的个人品牌中的重要性。这条定律适应任何场景，无论是和关键客户、老板、不同部门的人、团队成员还是接线员等等。

和任何人沟通时都保持良好的电话礼仪是一个伟大的个人品牌"助推器"。礼貌、清晰的语调和发音是很重要的。以下是一些通过电话传达你的个人品牌的好方法。

- 事先练习你要说的话。特别是当你需要留下语音信息时。这样能帮助你讲清你所要表达的内容，防止结结巴巴的表达。

- 条分缕析，但不要太快。如果需要留下你的姓名，请放缓语速，或者拼写出来。然后，重复你的电话号码，确保对方能记清。

- 简单的感谢语。比如在挂断电话前总是感谢对方，并说"再见"。这对建立你的个人品牌有很大的帮助。

手机。这是一件很容易被人忽略的方面，但手机也是你声音表达的一种方式。因此，在会议期间，确保手机关机。否则你会被认为是不礼貌。

同时也要注意你的铃声。给大家分享一个关于手机的有趣故事：我曾经会见了一位潜在的需要高管培训的客户，他当时担任企业里比较高的职位。在他装饰精美的办公室开会时，我坐在他对面一张大红木办公桌前，他的两个私人助理在外边。突然这位高管的手机响了。第一反应，我希望听到一个适合高管的标准铃声。然而完全出乎我的意料,他的手机里传来一首喧闹的嘻哈歌曲,且音量很大!他的铃声一点也不像我对他这样的人所期望的那样,我承认:在那一瞬间,我对他的个人品牌印象有了巨大的变化。

后来了解到,是他十几岁的儿子跟他闹的一场恶作剧:他的儿子换了他的手机铃声。这是在一次偶然的见面会上,这位主管关掉了电话,和我分享了这个事实,当时我们俩都笑了。他甚至承认,他只是没有掌握如何改变铃声的技术诀窍,所以他所能做的就是不断地为此道歉!

虽然这一次的经历非常有趣,每当我想起时都会哈哈地笑,但这让我意识到,即使是你为手机选择的铃声,也都会影响其他人对你的感知、思考和感受。

电子邮件:你的"书面声音"

尽管工作邮件和短信是通过书写的方式表达的,但它们仍然能反映出你的"声音"。这是现代通讯中一个引人深思的事实:我们往往密切关注在一封正式的普通信件中写的东西,但在写电子邮件和短信时,我们可能会非常粗心。我曾见过人们为信笺上的打印内容而苦恼,但这些人同样会迅速发送电子邮件或在手机上快速打字,而不会太在意内容或错误。一定要记住,在这些与工作相关的信息中,你的个人品牌会体现出来,就像在电话交谈中或面对面交谈中一样。与演讲类似,通过电子邮件和文本来传达你的声音,通常不是关于你所写的内容,而是关于你如何编写它。

举个例子,你是从一个很好的问候开始,还是简单地写上一行,用来答复之前的问题,且不署名呢?如果你要打电话给那个你正要写信给他的同事,你不会连招呼都不打或再见都不说,光简简单单地说一句话就把电话给挂断吧,你会吗?这很有趣,但出于某种原因,我们似乎通过电子邮件和文本采用了不同的交流方式。如果落在错误的"耳朵"上，那些简短的机械式单句就会冒着被人认为是轻率或粗鲁的风险。

请记住你想要传达的个人品牌，并思考如何使用电子信息来支持这一点。例如，在开始和结束所有与工作相关的电子邮件和文本交流时，多花五秒钟的时间来添加一句简单的问候语和一个很好的结束语。这是一个与你的听众建立更紧密联系的机会。而且，通过这样做，你肯定会从那些不那么在意他们信息的人中脱颖而出。

以下是你在电子邮件和文本交流中需要注意的一些事情。

·在你的电子邮件中，需要署名，其中包含你的姓名和电话号码。这让收件人想起你是谁，让他/她很容易联系你。在你所有的电子邮件中，不要让任何人（尤其是客户）靠自己去搜索包含你电话号码的电子邮件。

·在发送电子邮件前一定要使用拼写检查。有了今天的技术，拼写错误真的不应该发生。话虽如此，你不能总是依赖拼写检查，因为它不可能挑出所有的错误。所以，在点击"发送"按钮之前，一定要仔细校对。

·确保你的工作邮件中的主题栏清晰明了。把主题看作是文档的标题，它们应该准确地反映你电子邮件的内容。

·适当幽默，如果可以的话，也可以在电子邮件和短信中加入一些幽默语，当然得与你的个人品牌一致。在工作中谨慎使用玩笑话。有时候，你很难用书面形式来表达真实的意图，就会冒被误解的风险。

·表情符号在个人交流中可能很有趣，但最好避免在正式交流中使用它们，除非你与接收端的人有很浓厚的私人友谊。

你的"声音"营销计划

现在是时候探讨一下你个人品牌营销计划的声音部分了。让我们来看看我们这两位同事，他们将如何使用声音来传达他们的品牌。

凯瑟琳的个人品牌简介：
　　一个值得信赖的、独特的创意团队领导者，从不放弃，也从不让团队只满足于"好的"，而是激励整个组织达到更高的目标：一个一个"优中之优"。

→声音

努力在我的声音中表现出更多的热情和自信，完全支持我自己的和团队的创意。倾听我录下的声音，并认识到我怎样才能听起来更自信，以及什么时候听起来更自信。

埃里克的个人品牌简介：
　　一个"黄金标准"的制定者和成就者，完全可靠，并且致力于卓越的服务。

→声音

在与客户交谈时，练习放慢我的速度，以确保他们理解我所分享的信息；练习降低我通电话时的音量。

　　好吧，知道这个练习了，现在轮到你了。你的合理营销计划是什么？你将采取什么步骤来确保你的声音反映了你的品牌，正如你所定义的那样？

你的个人品牌简介：

→声音

品牌思维：描绘成功的蓝图

不论你认为你行不行，你都是对的。

——亨利·福特（Henry Ford），福特汽车公司的创始人

在创建你的个人品牌营销计划时，要把最重要的一项留到最后讲，即你的思想。这是为什么呢？因为你的思想能影响到其他构建个人品牌的所有交流活动——你的行动、反应、外表和声音。

我要写的内容可能看似有些疯狂，但请耐心等待。在17世纪60年代，"现代科学之父"的伽利略（Galileo），当时被称为异教徒，被监禁审讯了长达18天，期间受尽折磨。随后，他被宗教法庭软禁了余生，双目失明，终年78岁。他的墓前甚至没有纪念碑。伽利略犯下了什么可怕的罪行，导致了这种残忍的待遇？

他撰写并发表演讲，坚信地球围绕太阳运转的日心说。

难以置信，不是吗？今天，我们知道地球围绕太阳运转这一事实，且对此深信不疑，根本不会去想象还会另有他说。但在伽利略时代，这个想法则是令人发指的。

我举伽利略的例子，是希望你在阅读本章后拓展出思路，尽可能想象出更多的词语，即使它们打破了你现有的信仰体系。

思想是客观存在的物质。

这是真理：科学证明思想是以一种非常真实的方式存在于这个世界

中，思想是由能量构成的，就像花朵、动物或人类身体一样。即使我们的思想不像一只鞋那样被"看见"，也不像羽毛那样被"触摸"，但思想绝对是存在的（你也看不见氧气，但它肯定在那里）。我们可以证明，物质大脑的存在，但实际用于思考我们思想的那一部分，即"思想者"，在很多方面对我们来说仍然是一个谜。

在这一章中，我们将重点讨论你的思想对个人品牌的持续沟通的力量。就像你可以选择用的是哪支笔或者你用电脑做什么一样，你可以选择如何使用你的思想来建立你的个人品牌。

当然，在我们的生活中，我们看到和触摸的"东西"，通常是由别人创造的。例如，我的电脑是东芝制造的，我的笔是勃朗峰（Mont Blanc）造的。但对我来说，我们的想法最令人兴奋的地方在于：我们创造了它们。你的思想完全属于你自己，没有人可以为你创造它们。这是个好消息，因为这意味着你对它们有最终的控制权。并且只有你一个人能对你的思想和其结果进行负责，从开始到结束。

事实上，如果你仔细想一想（每一个双关语），你实际上比你更能控制自己的思想，而不是你的外表和声音。即使你的大脑参与了你的思考，你的身体并没有真正参与你的思考。所以，你可以随意改变你的思想。一开始可能不太清楚如何做到这一点，但你的思想为你提供了一个巨大的机会来影响你个人品牌营销计划的每一个方面。

简而言之，你可以通过你的思想来完全控制你的个人品牌。下一步只是需要知道如何去做并产生效果。

思想就像链条一样

心理学家认为，我们每天大约有6万个想法。从对大多数人的统计数据来看，除去8小时睡眠时间的话，一个人每小时就有3750个想法！那么你有没有花时间去思考过你的"思想清单"？暂停片刻思考下，你每小时都在创造着什么样的思想？

心理学家推测，每天6万个想法中，有95%~98%是会在明天、后天或大后天再次重复的。这就意味着我们的思想中只有2%~5%的想法不同于24小时之前所产生的。我们的思想就如同习惯，我们坚持同样的思维模式，并且日复一日地保持着同样的"思维定式"。你有可能会厌倦这些相同的思想，但很明显，我们甚至没有注意到我们一遍又一遍地思考着同样的事情。我们并没有真正停下来思考过，我们脑海里到底每天都充满着一些什么。

如果你和大多数人一样，多年来，你的脑海可能会养成一些坏习惯。无可置疑，我们进入到了一种在生活中似乎不可撼动的行为模式。事实上，你有没有停下来思考过这样一个问题：也许是你的思想导致你生活中反复出现消极模式？

改变你的"思维习惯"

这只不过是一种很好的老式的因果关系。你的思想是原因，你的工作、事业、生活、人际关系和你的个人品牌都是结果。如果你想要改变"效果"（结果），那么你需要改变"原因"（你的思想）。这真的很简单。

也许你在自言自语："听起来不错，但我该怎么做呢？"就像一个嗜烟或酗酒的坏习惯一样，你应该改变你的思维习惯。它需要承诺和专注，但要记住，有且只有你一个人有能力控制你在任何时间点产生的思想。如果你对你的思想不负责，你就只会继续保持同样的旧习惯，这可能会对你的个人品牌产生负面影响，进而影响你的职业生涯。这是一个强大的自我领导能力的元素！

有三个关键步骤可以用来掌控你的思想。

1. 注意到你的思想。
2. 把消极的思想变成积极的思想。
3. 把积极的思想当作一种新的习惯。

注意到你的思维

要改变你的思维,第一步是开始关注你的思维。你的脑海每小时闪过3750个想法,你可能并没有意识到其中的许多想法。你脑子里整天在想什么?

这里有一个练习可以帮助你更清楚地意识到你在想什么。

- 收集两种不同颜色的荧光笔,几张纸,还有一支笔。(我发现这个练习确实需要在纸上完成,所以请不要急于使用电脑来做这件事。)
- 设置一个五分钟的计时器。然后,用你的笔开始在纸上写下你想到的所有东西。把你脑子里蹦出来的每一个想法写下来,不要让你的笔停下来。不要担心你写的东西,或者它是否有意义。除了你自己,没有人会读到它。
- 五分钟后,读一下你写的想法。把这两种不同颜色的荧光笔拿出来,用一种颜色突出与"工作"有关的每一种思想,用另一种不同的颜色突出与"个人生活"有关的每一种想法。
- 然后,回去重新读一遍你的思想。这一次,用一支笔在所有的消极想法下划线,并圈出所有积极的想法。
- 现在,坐下来看看结果:

首先,你在页面上看到的颜色最多的是你为工作类想法选择的颜色,还是你为个人生活想法选择的颜色?这告诉你什么类型的想法在你的头脑中占主流。

同样，在你的页面上是否有较多的下划线（消极的想法）或较多的圆圈（积极的想法）？

- 更进一步调查：

你的消极想法与工作或个人生活，哪个更相关？

你怎么看待积极的，而不是消极的方式？

- 关于你的思维，你从这次练习中了解到了什么？

这是一种很好的方式，可以让你更清楚地意识到你一天中有6万个想法，而这种意识是改变你思想的第一步。如果你发现你有很多消极的思想，那么不要让你的担心再制造另一个消极的思想！只要继续阅读本书，你就会发现很多方法，可以用来确保你的思维方式不会妨碍你获得你想要的个人品牌。

把消极思想变成积极思想

一旦你意识到你思想的内容，对其进行有效管理的第二步，就是训练自己把消极思想变成积极思想。也许这听起来很难，但世界各地的许多人都设法保持他们积极的而不是消极的思想。

事实上，你是否认识那些天生快乐的人？这些人的生活似乎总是为了他们而集聚，并让他们融入其中。他们有完美的家庭、工作和生活。你知道我在说的是哪些人，对吧？好吧，我相信有一件事可以把他们团结在一起：他们经常有积极的思想。比如，这些人认为杯子是半满的，而不是半空的。的确如此，你在他们的生活中看到的积极的结果和他们的个人品牌是由内部驱动的，像这样的人自然而然地会把事情往好的一面去想，促使他们的思想变成现实。他们不关注戏剧性事件或问题，只专注于积极的结果，你可以每天在他们的生活中看到他们思想的结果。他们的思想实际上变成了现实，那你的思想如何影响你的生活和你的事业？

你是那种早上起床时发出"啊，又是一天"感叹的人吗？"我又得去办公室面对那个咄咄逼人的办公室经理""我只知道这将是一个糟糕的一天"……在接下来的 24 小时里，这种思想在你的脑海中反复出现，这是一个自我实现的预言。当然，尽管你证明了自己是对的，但你从中得到了什么呢？

相反的，如果你实践了强大的自我领导能力，并将最初的消极思想转变成了积极思想，会怎么样呢？如果你醒来时对自己说的第一句话是："哇哦，新的一天！"或者认为"我期待着能与办公室经理建立更好的关系，这将是朝着打造我想要的品牌和拥有一个更有成就感的职业生涯迈出的重要一步。""这将是一个富有成效的一天！"想想看，如果你能从这些思想开始你的早晨，你的日子会有什么不同呢？这是一件非常令人兴奋的事情：即使你在完全不相信它之前做出了积极的声明，你最终也会开始相信它。如果你允许自己有一个小小的机会，认为自己可以有更好的一天，只要你愿意一直积极地思考这个问题，这扇门很快就会向你敞开。

我并不是在提倡你随身具有一种夸张的游戏节目主持人的态度，但期待最坏的结果肯定会带来不好的结果。有一种强有力的指导技巧可以解决这个问题，那就是把"蚂蚁变成宠物"——将"无意识的消极思想"转变为"提高型的积极思想"。你还有哪些"蚂蚁变成宠物"的思想？

家庭作业

每个清晨，当你醒来的时候，先让你脑海中出现的第一件事成为一个积极的想法。我保证，在做了一段时间之后，你会惊讶于它在你的日常生活中所带来的影响有多大。

对你来说，更积极地思考是有挑战性的吗？事实是，管理你的思想远不及学习火箭科学或魔法。这实际上非常简单，就像我们之前说的，你是负责人。例如：

你希望你的受众能够感知、思考和感受到你的个人品牌是"创造性的"吗？那么，思考创造性的思想。

你想让你的受众好好地对待你吗？那么，思考一些关于受众的好想法。

你想在工作中感到更平和吗？那么，思考一些关于工作更平和的思想。

把积极思考当作一种新习惯

关于改变你的思维习惯，我们已经讨论了步骤1和步骤2：注意到你的思想；把消极的思想变成积极的思想。现在，让我们进入步骤3，来掌控你的思想——把积极思考当作一种新的自我领导习惯。

年少时，我也很纠结这个问题。后来，我在泰国遇到一个佛教僧侣，他帮助我改变了我的思维习惯。他说，我们的思想像一只未驯服的猴子，总是活跃地窜来窜去，四处跑动。要训练它，你必须学会把它放在你的控制范围之内，就像把链条拴在猴子身上一样，缠绕着它。你可以选择什么时候把你的"猴子思维"拴起来，什么时候让它再次狂野。毕竟，这是你的思想！让我们这样说吧：要么你控制你的思想，要么你的思想控制着你。我知道我更喜欢哪一个，你呢？

抓住你的"猴子尾巴"

有很多种方法可以控制你的思想。把"猴子思维"拴起来,抓住它的尾巴,让它成为你的宠物,而不是相反的方式。只有这样,积极的思想才能成为你的生活方式。下面是一些帮助你把脑海中的"猴子"拴起来的技巧。

• 负责!告诉你的头脑,你是这里的控制者,你不会允许任何消极的思想,干扰到你建立想要和应得的个人品牌。

• 从负向正。如果你发现你的想法被恐惧、疑惑、质疑和"如果……怎么办"的情况所困扰,那么就开始训练自己,把你的思想变成积极的思想。列出你生活中最快乐的时刻,一定要把它们写得很详细。例如,不要只是写:"我被提升为高级运营经理的那一天。"而是创造一个清单,你可以在你感到沮丧的时候,通过提醒你在那自豪之刻的真实感受,来真正帮助你。不妨写一些这样的话:"当我被提升为高级运营经理的那天,我的老板把我叫到会议室,在整个团队面前向我表示祝贺。每个人都鼓掌,我觉得我好像飘走在云端。我很自豪,也很高兴,我的成就得到了认可。很明显,我的老板和我的团队非常感谢我在工作上的努力,公司相信我承担了这些重要的责任。"

然后,当你需要把你的思想从消极的事情中转移出来时,把你的注意力集中到你清单上的一个积极的记忆上,尽你所能地重新体验它。闭上你的眼睛,回忆任何有关景象、声音、气味、纹理或味道,帮助你在精神上回到那个时候。练习的次数越多,你就能越快地将你的消极思想转化为积极的思想。事实上,最终你所要做的就是思考,例如"我的销售月度奖",你将会自动地转移你的注意力,摆脱那些消极的思想。

• 记住,思想也是反应,就像身体反应一样。你的思维反应是否失控?当一个困难的事情发生在工作中,你可以控制你的言行,但是你的思想会变得狂野吗？你会立即得出结论，或者对你脑袋里的其他人感到愤怒吗？如果是这样的话，认真思考这些思想是如何为你服务的，特别是当你在脑海中对某人大喊大叫好几天时，这会对谁产生影响？

在你的头脑中，你很容易被负面情绪所吞噬，它们会剥夺你的能量，让你专注于消极的思想。下次当你有一个下意识的思想反应时，控制好自己。尽可能快地释放周围的负面情绪，否则，你会让情绪控制你，而不是你控制情绪。避免思考谁对谁错。如果你把时间浪费在消极的思想上，仅仅是因为你相信你会赢得一场争论，那你就已经输了！记住，就像你有能力控制你的身体反应一样，你也可以控制你的思维反应。

每当接受培训的客户有消极的思想时，我会建议他们进入一个不带个人感情色彩的、客观的空间，就好像他们"置身于事外"一样。以"旁观者"的角度，他们可以对这个思想进行评估，而不需要任何附加条件。作为旁观者可能会想："这是一个有趣的思想，但它现在对我没有很好的帮助。我要有意识地用积极的思想来代替它。"许多客户告诉我，这种方法比其他方法更容易帮助他们从消极转变为积极。

- 设定改变思维模式的目标。你的目标应该是可以实现的，但在某种程度上是现实的、可衡量的。通过这样做，你就会知道你什么时候取得了成功。例如："从现在到下午3点之间，每当发现自己在思考一个非个人品牌建设的思想时，我就会转变我的思想去思考＿＿＿＿。"这需要专注和努力，随着时间的推移，你将有希望看到，如何训练并将你的猴子思维栓进大脑中。

- 奖励自己达到目标并思考积极的品牌建设思想。在每天结束的时候做一个清单，如果你的大部分思想都是积极的，那么在回家的路上，邀请自己去星巴克喝一杯咖啡，或者去电影院看一场电影。一旦你的大脑意识到会因为积极的思想而得到奖励，那就更容易驯服了。最终，积极地思考将会成为你的一种自然的生活方式。

• 确认你想要什么。你可能听说过积极的肯定，也许你过去也曾用过，它们真的是改变你思想的有力方式。想想在工作中你可以对自己说的所有积极的肯定，例如：

"在沟通我的个人品牌方面，我做得很好。"
"在我的受众眼中，我很有魅力，他们认为我很自信，也很专业。"
"我的工作得到了老板、同事和客户的认可和肯定。"

重要的是，将每一个肯定都用现在时态来书写或说出，就好像它已经是真理一样。这才是重点！你不需要完全相信这些肯定，它就会开始影响你的思维方式，但关键是要像你经常说、读或写的那样，努力去越来越多地相信这些肯定。

在你的一天中，经常做一些值得肯定的事情。在早上，在午餐时间，在你睡觉之前，先把它们读一遍。如果可以的话，大声地读出来，真正地"感受"这种"肯定"成为真实的感觉。一旦这些陈述成为现实，想象你自己会是什么样子。有些人甚至每天在笔记本上对每一个肯定写上20遍或更多。尽你所能让你的头脑围绕着你想要的强大的个人品牌形象运转。

通过遵循这些建议，我并不是说你不会再遭受任何痛苦。但是你对发生在你身上的事情的态度会变得足够积极，你可以更容易地渡过困难的处境。

成功的"图片"

顶级演员和运动员经常说，他们期待着自己的成功。实际上他们提前想象自己完成任务、表现出色、赢得比赛，或者先越过终点线。他们中的许多人先对此做出承诺，这种方法不仅能在重大事件前保持积极的专注，而且还能把他们的设想变成现实。

让我们把这个应用到你身上吧，试着在你的头脑中播放"明天"。人们对你的反应如何？你对他们的反应如何？你如何展示自己？你看起来怎么样？当每个人都意识到 YOU ™ 所提供的东西时，你的感受如何？有魅力是什么样的感觉？想象你自己已成功地将你的个人品牌营销计划付诸实施。

关键是要把你的思想变成活动，让你的愿景成为现实。思想就在你的掌控之中，在你头脑中，你越能真正地感觉到这是现实的，你就越能在你的生活和事业中实现它。

无论你怎么看，消极的思想都是消极的物质

还是不相信思想是物质的？无论你是否能完全相信思想的科学，或者无论你如何看待它，坦率地说，当你保持积极的态度并控制你的思想时，生活会更加令人满意。而且，我们很难反驳这样一个事实，即态度消极的人，作为朋友、雇员或商业伙伴，就不那么令人愉快了。传达消极的个人品牌没有任何好处，不管你在品牌的其他方面投入了多少精力，消极的思想都会阻止你完全实现自己。只要消极的想法阻碍到你，你的受众就不会以积极的方式感知、思考和感受你的个人品牌。

随着世界越来越意识到思想的力量，越来越多的书籍和电影如《吸引力法则》（*The Law of Attraction*）和《秘密》（*The Secret*）进入主流。现如今，人们越来越相信我们的生活其实只是我们的态度和想法的反映。我们开始看到，我们头脑中简单的变化可以在生活中创造真正的改变，以及在这个世界上，共同创造真正的变化。

你的"思想"营销计划

那么,在你的个人品牌营销计划中,你将如何处理你的思想呢?让我们看看我们的两位同事将如何处理他们的思想。

凯瑟琳的个人品牌简介: 一个值得信赖的、独特的创意团队领导者,从不放弃,也从不让团队只满足于"好的",而是激励整个组织达到更高的目标:"优中之优"。	→思想	密切关注那些,不利于我的创造力的思想。 列出一些积极的思想来代替那些消极的思想。
埃里克的个人品牌简介: 一个"黄金标准"的制定者和成就者,完全可靠,并且致力于卓越的服务。	→思想	每天早上去上班前,把分公司经理有关的消极思想抛之脑后,把注意力集中在积极的思想上,不要在我的脑海中形成与分公司经理的内在争论。列出一份最快乐的时刻清单,当负面情绪成为一个问题时,要记住这些时刻。

现在,你已经准备好将你的个人品牌营销计划整合在一起。这是让你想要的个人品牌成为现实的核心和灵魂。

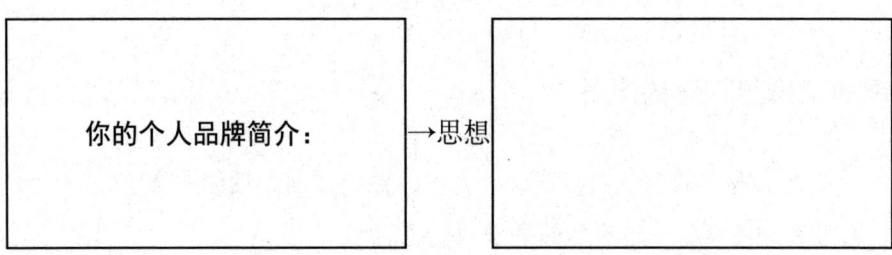

完善你的"个人品牌营销计划"

> 好的计划能形成好的决策,这就是为什么好的策划能帮助梦想成真的原因。
> ——莱斯特·罗伯特·比特尔(Lestre Rober Bittel),作家

你已经通过 YOU™ 的六个构成因素仔细定义你的品牌,并且你已经深入研究了所有的五项活动,来传达你的个人品牌和实施你的个人品牌营销计划。现在,是时候把所有的活动组合在一起了,所以我鼓励你在一个页面上完成所有的五个活动。

在接下来的内容里,看看凯瑟琳和埃里克已经完成的营销计划。这就是他们计划如何在行为、反应、外表、声音和思想方面下功夫,从而在他们的职业生涯中创造更大的成功。当你看他们的营销计划时,希望你能全方位了解到凯瑟琳和埃里克如何管理他们的个人品牌。

当你回顾他们的计划时,考虑一下你需要如何调整自己的计划。一旦你看到了这五项营销计划活动的汇总,在营销计划的各项活动方面,你还会想到一些什么可以用来加强并推动你个人品牌?

凯瑟琳领导的个人品牌营销计划

凯瑟琳的个人品牌简介： 一个值得信赖的、独特的创意团队领导者，从不放弃，也从不让团队只满足于"好的"，而是激励整个组织达到更高的目标：一个一个"优中之优"。	→行动	她通过组织头脑风暴和研究引人入胜、发人深省的练习，鼓励团队具有创造力和生产力，帮助大家跳出思维定式。她经常询问团队成员的想法。在推进新的管理理念时更加自信。
	→反应	准备一份反应清单，以应对上司没有马上接受你的想法的状况。当布鲁斯像往常一样"贬低"新概念时，努力保持冷静。在适当的时候，不要害怕以沉默回应，而不是以插话开始交谈。
	→外表	重新装修办公室，以体现突破束缚、极具创新意识的个人品牌。寻找最前沿的新艺术作品，投资现代且专业的新办公桌配件。
	→声音	努力在我的声音中表现出更多的热情和自信，完全支持我自己的和团队的创意。倾听我录下的声音，并认识到我怎样才能听起来更自信，以及什么时候听起来更自信。
	→思想	密切关注那些不利于我的创造力的思想。 列出一些积极的思想来代替那些消极的思想。

埃里克的个人品牌营销计划

埃里克的个人品牌简介： 　　一个"黄金标准"的制定者和成就者，完全可靠，并且致力于卓越的服务。	→行动	自愿承担个人理财顾问工作，比如调查重要客户的账户，确定哪些产品和服务可能对他们有帮助。在分公司经理培训项目中发挥领导作用，根据与客户的具体经验，为受训者制订课程计划和案例分析。
	→反应	针对可能与分行经理间发生的问题，进行积极的自我交谈，提醒自己不要把她的压力变成自己的压力，为沮丧的客户准备和预测各种适用的反应，以保持自我冷静。
	→外表	护理好皮肤和手，由于它们总是出现在顾客面前。每个月末周四晚上定期做基础美甲，保持指甲的形状。买一些无味的护手霜，防止因为整天都处理文件让手部变得粗糙。
	→声音	在与客户交谈时，练习放慢我的速度，以确保他们理解我所分享的信息；练习降低我通电话时的音量。
	→思想	每天早上去上班前，把分公司经理有关的问题的消极思想抛之脑后，把注意力集中在积极的思想上，不要在我的脑海中形成与分公司经理的内在争论。列出一份最快乐的时刻清单，当负面情绪成为一个问题时，要记住这些时刻。

你的个人品牌营销计划

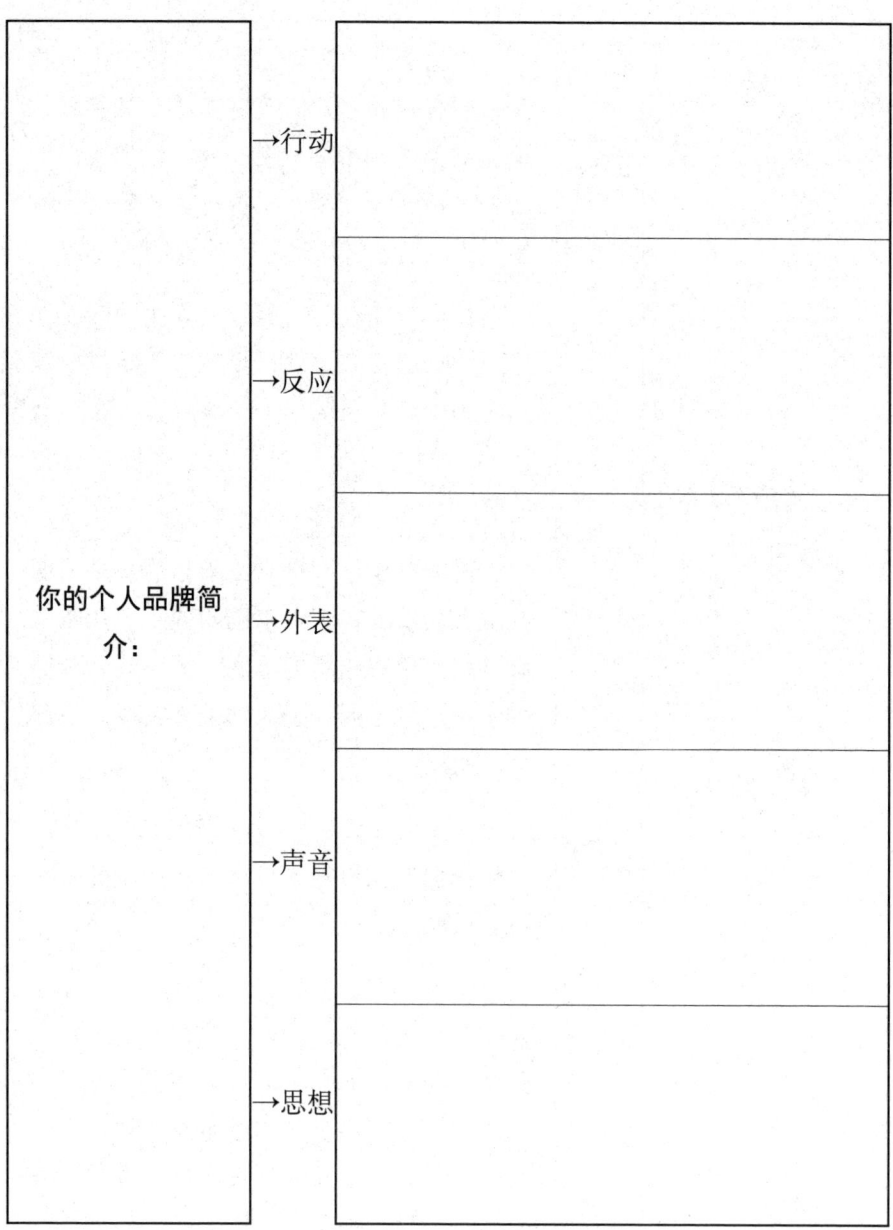

在卑微的工作中找到意义

现在你的营销计划已经制订好了，重要的是要把它放在手边。把它贴在你的办公桌上，存到你的 iPad、智能手机上，放进你的书桌抽屉里，或者把它当作你的电脑屏保。只要确保它能经常出现在你面前，时刻提醒 YOU™需要采取的步骤，以实现你想要的个人品牌。

将我所说的"在卑微的工作中寻找意义"铭记于脑海中，并付诸实践。这意味着，即使是你每天所做的琐碎日常工作，现在也可以有意义了。每一项任务都是一个传达你想要的个人品牌的机会。

你想把"团队合作伙伴"作为你的个人品牌的一部分吗？试着帮忙整理办公室厨房，或者多煮一壶咖啡。同样，这些都是相当卑微的工作，但它们代表了传达 YOU™的更多额外机会。

你的个人品牌与可靠关系很大吗？确保你每天早上提前几分钟到办公桌前，并且吃完午餐准时回来；在你离开之前完成你最重要的任务。

希望你从现在开始看到的任何工作任务，不管多么无聊，仍然可以成为你个人品牌的一部分。不要低估"小事情"的力量，它们在很大程度上传达你是谁，YOU™代表什么。你永远不会知道，在你的受众眼中，看似渺小的东西实际上可能是"大"的。

举个例子：菲利斯（Phyllis）是一个计算机网络项目经理，她想要的理想身份是"来自天堂的网络项目经理"。她开始以一些微小的方式实现自己的目标，尽管她不知道这些微小努力会产生什么影响。直到有一天，一个叫布雷特（Brett）的客户打电话给她，问她一个问题。菲利斯不仅完成了她的工作，而且做得很好，尽可能快地解决了布雷特的问题，而且她还额外提供了一个快速技巧，来帮助布雷特更有效地利用网络。第二天，菲利斯被叫到主管办公室，被告之，布雷特打电话过来，称赞菲利斯的出色工作，说她给的建议是非常有用的。菲利斯不知道的是，布雷特实际上是该公司大股东的儿子。不久之后，菲利斯得到了一笔丰厚的现金奖励，作为她额外努力的回报。

永远不要忘记这样一个事实，即每一次互动，你都在与你的受众建立关系，甚至那些不在你的直接受众名单上的人仍然会和你的受众谈论你。在任何会议中，无论是在会议室、电梯、讲台、电话、Skype、电子邮件、文本，或者在社交媒体上，都可以利用这个机会来传达你的个人品牌。你永远不知道那些看似无关紧要的传达，会带来什么结果。让每一个时刻都有意义，并日复一日地坚持下去。

我们已经完成了品牌的第一步和第二步，即使用"你的个人品牌系统"，帮助你定义你的个人品牌，并决定如何在每天的五项活动中，通过你的营销计划进行个人品牌的传达。现在，你已经为此付出了巨大的努力，接下来，还有一个步骤要做：确保你不会损害这个称之为 YOU™ 的个人品牌。

YOU™

Step 3

如何掌控个人品牌

品牌陷阱：时刻保持警惕

> 从别人的错误中学习，因为你无法什么都亲身经历一次。
> ——约翰·路德·朗（John Luther Long），作家

尽管上面这句话让我觉得好笑，但我还是把这句话牢记在心。这就是我多年来列出一长串称之为"个人品牌克星"清单的原因。

清单里的内容是什么呢？简单地说，个人品牌克星是与你的个人品牌不一致或相反的行为、反应、外观、声音或想法。当试图传达一个强大的个人品牌时，这些是你不想做的事情。如果不被抓住，这些克星就会与你当前建立品牌所付出的努力背道而驰。个人品牌克星会减缓你晋升的速度，阻止你获得加薪，甚至导致你的职业生涯脱轨。

20多年来，我通过与世界各地的大公司合作，收集并开发了一长串的克星名单。我还收集了许多关于创办和经营自己企业的成果，以及通过指导他人定义和交流自己独特的个人品牌。当然，有些个人品牌克星是我在发展自己的个人品牌的过程中所犯的错误，我很乐意与大家分享，希望能帮大家避免一些我曾遭受过的尴尬！

正如约翰·路德·朗所说，这些"克星"背后的意图是帮助你，从像我这样和我观察过的人的错误中吸取教训，这样你就可以避免犯下这些"克星"的错误，损害你自己的个人品牌。正如本杰明·富兰克林（Benjamin Franklin）曾经说过的："树立好名声需要许多善行，而毁掉它只要一种。"

说实话，我们每个人都会时不时地遇到一些个人品牌克星，甚至往往都没有意识到自己在犯这些错误。这就是为什么我想和你分享以下20个克星（五大个人品牌营销计划活动各占四个），以便你在实施营销计划时特别留意这些克星。这20个品牌克星是我多年来在自我品牌创建中看到的最常见的例子。

请记住，无论如何，这份清单并不是个人品牌克星的"最终"名单。事实上，潜在的克星数量是没有尽头的！你一定会想出其他在你的工作或情况中所特有的克星。事实上，你应该这么做。把它们写下来，然后开始整理你自己的克星清单。

重要的是，个人品牌克星是你有意识或无意识的自我领导行为。所以，你必须对他们保持警惕，因为他们可能就像隐形轰炸机——通常隐藏在你的自觉意识雷达下。

如何知道你遇到了一个个人品牌的克星？

1. 当你在判断上犯了错误时，要意识到这一点，并把它记下来，以避免重复错误。这是你自己的个人品牌克星清单的开始。

2. 观察别人，观察他们做了什么或说了什么伤害到了他们的形象。这样，你会学到很多关于如何避免损害你自己的个人品牌的经验。

在下一章中，"个人品牌克星"适用于那些想表现出专业、自信、可靠、有控制能力的人——我们大多数人都渴望在工作中与自己品牌进行沟通的自我领导能力。花点时间通读每一个点，思考一下，诚实面对自己。你有没有成为这些克星的猎物？如果你不确定，请身边的人给你一个客观和诚实的观点。只有这样，你才能确定你的个人品牌正在按照你想要的方式进行传播，并为你带来应得的成功。

品牌克星清单：挖出并逐一击败

> 我从不犯愚蠢的错误，错误是非常非常聪明的。
>
> ——约翰·皮尔（John Peel），主持人

错误并不愚蠢，除非我们不从错误中吸取教训。事实上，我支持皮尔：大多数错误实际上是"非常非常聪明"的，因为它们打开了另一扇门来帮助我们变得更好，帮助我们更好地沟通我们的个人品牌。

正如我在前一章中所说的，这就是个人品牌克星的全部意义——从别人打造品牌时所犯的错误中吸取教训。你可以通过把这些错误放在心上，避免损害自己的品牌。当你开始将你的个人品牌营销计划付诸行动时，这些错误是需要注意的陷阱。

在接下来的内容中，你会发现我遇到过的20个最常见的个人品牌克星。它们也被分成五种不同的营销计划活动：行动、反应、观察、声音和想法。

当你读完这些内容之后，在这一章的最后做一个小测验，测试一下你在多大程度上制造了这些个人品牌克星，然后你就会知道你需要做多少工作来打败这些常见的破坏者。

个人品牌克星——行动

1. 不恰当的握手方式。你握手的力度是不是太弱了？我曾经遇到过一些非常壮实的男士主动与我握手，他们的握手是如此的"软弱无力"，以

至于完全破坏了我对他们的个人品牌形象的最初印象。无论你的长相如何，如果你握手时没有表现出自信，就会破坏你的个人品牌。在职场上，握手仍然是最常见的问候方式。通常，在你交换名片或开口说话之前，你都会握着别人的手，给对方留下第一印象。

另一方面，你的握手力度很大吗？我的手曾被一些用力握手的人抓得很疼。你认为这个人在传达什么样的个人品牌信息？欺负人？一个必须用武力解决问题的人？无论哪种方式，它都无法传达我想要与之共事的那种人。

我不知道有哪所学校开设了"握手101"课程，不幸的是，我们大多数人都没有学会握手的最佳方式。如果你不确定，就练习握手。握手这一行为应该是坚定的，并将拇指与另一个人的拇指连接起来。如果你害怕过于强势或者不确定自己是否太过努力，那就找一个你信任的人，让他/她诚实回答你。无论你做什么，都要确保你的握手能有效地传达你的品牌。如果不这样做，它将给你的个人品牌带来不可磨灭的……印象。好吧，握手吧。

2. 请求允许在你的职责范围内做出决定。你有没有注意到，非常成功的人是不会寻求许可的？相反，他们请求原谅。他们只是做决定并采取行动，这也是强大的品牌建设者的真实情况。

我不是在鼓励你在你的职责范围之外做出决定，但是，在这个范围内，对你自己的决策能力要有足够的信心，而不用事先询问。如果你的责任范围没有定义，或者，如果你想要承担更大的责任，那就和你的老板坐下来好好规划一下。你可以这样说："我不想在没有得到允许的情况下在这个领域做决定。帮我定义一下，我怎样才能确定你要我在什么地方征求你同意，在什么地方可以不征求你同意呢？"这表达出一个强有力的个人品牌。

3. 在处理棘手的问题之前，先做一些更容易、不那么重要的任务。成功的品牌塑造者每天早上都要定义他们的优先事项，并坚持下去，那你也应该用。严于律己——首先投入到最困难和最重要的挑战中去。如果你先完成所有简单的任务，那么一天下来你可能会很累，以至于你没有精力去完成更有挑战性的任务，而这些任务很可能是你职业生涯中最重要的任务。成功的个人品牌建设者首先专注于最艰巨的任务，同时也最能满足观众需求的任务，以确保用他们的最佳努力去完成最重要的工作。

4. 不停地工作、不休息。这可能在表面上看起来是一件好事。你看起来像是在努力工作，全力以赴，对吧？实际上，它很可能会发出一个信号，表明你对完成工作感到恐慌。或者你没有足够的天赋去把它做得很好，并且以一种高效的方式。相反，偶尔花15分钟去休息区喝喝水、伸伸腿或者散散步。这不仅会让你处于一种更好的状态，还会让你像我一样，解决问题的最好方法往往是在你离开一项任务几分钟后补充能量。花点时间为未来的工作重新焕发活力，并向别人发出一个信号：你能掌控自己的工作和个人品牌。

个人品牌克星——反应

1. 把你自己和情况看得太严肃。在我的营销生涯的初级阶段，我负责为宝洁公司管理四个洗衣剂品牌。当时我们正处于每年一度的"预算季"（Budget Season）的中期，每个品牌团队都要在这期间进行预算。在接下来的一年里，我们将花费数百万美元来推销我们的品牌，以寻求并证明每一分钱的价值。尽管这是一次很好的学习经历，但它在我们的日常工作中增加了相当多的工作量。所以，老实说，预算季是一段让人筋疲力尽的时间。

我记得在一个预算季的周二晚上，最后的预算会议即将到来——只剩2个半小时了。当时是晚上8:30，我的品牌团队和我刚刚离开了一个会议，主管对我们的计划做了一些改变——改变意味着更多的工作时间。那天早上7:00，我们就已经开始工作了，很明显，那天晚上我们至少还有3~4个小时的工作要做。每个人都筋疲力尽、饥肠辘辘，而且坐立不安。

当我们回到各自的办公室时，每个人都听到了熟悉的"你收到一封邮件"的声音。每个人都看向自己电脑，发现是刚刚离开的办公室主任发来的一封电子邮件。这封邮件的主题——用大写字母——写着"紧急提醒"。当我们预料着还有更多的工作要做时，我们的心都沉了。在这一时刻，他还能要求我们做什么呢？

带着恐惧，我打开电子邮件，发现邮件内容只写了三个简单的单词——我永远不会忘记的单词：

这只是肥皂（It's only soap）。

当然，主任是对的！他温柔地提醒我们，我们对形势的态度太严肃了。不管我们做了什么，那只是洗衣皂。没有人会因为一个糟糕的预算季节而失去一个肢体，或者最终无家可归。

直到今天，当我对一种情况感到紧张时，我停下来，提醒自己："这只是肥皂。"你是把自己或情况看得太认真了吗？记住：一点点的笑声和乐趣对建立你的个人品牌大有帮助。

2. 当你真的不知道的时候，却装作懂了的样子。在我的职业生涯中，通过指导700多名高管，我发现，我们最害怕的事情之一就是看起来很愚蠢。我们害怕显得愚蠢，所以我们不会问问题。但我认为事实是：不提问题是愚蠢的。不问没有好处，而且有很多坏处。

假设你被要求完成一项任务，但你不确定目标，你也没有去问清楚，因为你害怕这样会让你看起来很愚蠢。那么，这将给你带来什么呢？你可能最终什么也不做，因为你不知道该做什么。或者你可能会采取一些不正确的行动，因为你害怕问什么是正确的。你只会浪费时间做错误的事情，因为你缺乏你所需要的信息，而且你很有可能会因为不寻求清晰而错过最后期限。所以，你最终就是——暴露在不理解目标的情况下！比起你一开始提问题，最后不提问题会让你看起来更傻。这传达了什么样的个人品牌信息？

就我个人而言，我喜欢和那些要求再次确认的人一起工作。这让我知道，他们想要在第一次就把事情做好，并且他们会不停地问，直到他们完全理解为止。现在，头脑正常的人会认为这是愚蠢的吗？

3. 一贯放弃先前的个人工作计划。丹妮丝（Danise）是一位广告经理，她热爱自己的工作，拼命想在自己的公司里升职。她在老板早上来之前就在办公室，晚上很晚才离开。她甚至在办公室聚会，一起庆祝一个同事的升职，认为这会让她在那些能给她升职的人的眼中看起来更好。不过，她的策略适得其反，老板跟她进行了一对一的会面，说他担心她的"工作狂"。他甚至问她是否还好。他想知道她的婚姻是否有问题，于是他鼓励丹妮丝花更多的时间和家人在一起。丹尼丝尴尬地从这次会谈离开，她学到了一堂困难的课——在创造一个强大的个人品牌时，如何平衡工作和生活。

偶尔，把工作放在第一位，取消个人计划是可以的。毕竟，这表明你专注于你的受众／你的工作／你的公司／你的客户，并且你愿意付出更多的努力来完成工作。但如果你经常这样做，就会被认为是必要的——或者更糟的是，你无法控制。这让你看起来很绝望，离开办公室你就没有了生活。人们喜欢和那些懂得平衡的人一起工作，他们能过着令人满意的个人生活。这也造就了一个更有趣的个人品牌。

所以，不要总是答应在周末或晚上工作。在适当的时候采取礼貌的立场，并明确表示你有事先计划。当然，也要保证工作将会完成，并尽可能找到另一种方式来满足你的受众的需求。

4. 当你不能完成指定的任务时，"委派备份"。在我职业生涯的早期，我有一个苛刻的老板，他给了我一个重要的教训。他让我想办法如何能每周自动跟踪促销结果。这是在个人电脑的早期阶段，所以这个任务是一个相当大的挑战。

一开始，我对自动化的想法很兴奋，所以我就直接开始了。但我不断地遇到障碍（那时候没有好的软件！），直到我最终得出结论，我老板想要的根本不可能实现。我去到老板的办公室，清楚地向他解释了为什么不能完成自动化的所有原因。

当我讲完，他静静地坐在那里看着我。当我以为他会一直这样看着我时，他开口了："我不认为你明白我要你做什么。我没有要求你告诉我这是不可能的，我让你告诉我这是怎么可能的。别把你的问题给我。给我解决方案，这就是我付钱给你的原因。"

唉哟！这有点苛刻，但他是对的。我基本上把问题交给了他；我没有给他提供可能的解决方案；我只是把挑战重新放在他的桌子上。即使没有看到任何明显的解决方案，至少也要提供可能性。正如他所指出的那样，我得到了报酬，就要去思考挑战并提出建议。这就是一位优秀的个人品牌建设者应该做的。

从我的教训中吸取教训，如果你曾经遇到过类似的情况，即使你不能完全按照要求来做，也要想办法探索。你将被视为一个有价值、有创造力的人，这是一个伟大的个人品牌。

个人品牌克星——外表

1. 低估适当眼神接触的影响。在许多商业环境中，直接的目光接触是至关重要的。它很好地说明了你的诚实和自信。看电视台的采访人员，留意他们的眼神交流有多好。他们很擅长这个，你可以从观察他们中学到很多东西。

当然，尽量避免让人感到害怕的"星光下"，就像避免你的目光让人感到不舒服。盯着别人看会让你看起来像是在试图控制对方，而向下看可能会传达出低自尊或紧张的情绪。

优秀的个人品牌建设者会根据形势和背景调整他们的目光接触。例如，在亚洲和世界的其他地方，盯着年长的人或者地位更高的人眼睛看，会被认为是粗鲁无礼的。有一次，一位泰国僧人在主持一家新工厂的开工仪式，我在现场听他的讲话，一直看着他的眼睛。他后来告诉我的一个泰国联系人，说我"不正常"。因此，在当今日益全球化的工作环境中，重要的是要意识到与眼神接触有关的任何文化偏见。

2. 穿着不合时宜。选择不合适的衣服——无论是便装还是过度装扮，都会让人感到不舒服，并破坏了你的品牌。在参加工作活动之前，先了解一下正确的着装规范。

你希望升职吗？如果是这样的话，那就"抬头"看看你的公司里那些受人尊敬的高层的着装。然后，跟随他们的脚步。你会穿得像你正在努力创造的个人品牌。

3. 认为"外表"只意味着你个人或办公室的某些方面。你的外表不会停留在你的衣服、你的身体、你的脸，甚至你的办公室里，它会延伸到你负责它外观的每一个地方。

我在一家跨国公司工作的个人经历说明了这一点。有一天，我的老板打电话告诉我，一群高级领导正前往工厂参加一个重要的会议，让我们公司里的人坐副总裁的车赶过去，因为他的车最大。这位副总裁的收入是六位数，在行政部门有一间装饰华丽的大办公室。他非常聪明，当时我很敬畏他。所以当我们都走到停车场的时候，我想象着我们正朝着一辆豪华、高端汽车走去，那辆车会与这位副总裁的豪华办公室相呼应，我暗自期待着看到它。

然而，当我们走到他的车旁时，我所能做的就是让我的下巴不掉下来！

在后座上——褪色的蓝色内壁上布满了长的白色狗毛;地板和座位上全是旧瓶子和垃圾;仪表盘上有一本打开的书(他在开车的时候看书吗?);还有一个坏掉的遮阳板,挂在前排乘客的座位上。这位副总裁的车让我对他的印象如泡沫一样破裂,我永远不会忘记这段经历。从那一刻起,我对这位上级的感知、思考和感受都发生了巨大的变化。我承认,在那之后,我对他的看法再也不一样了。这让我意识到,其他"你的扩展"在传达有关你的品牌不一致信息时,可能会产生多大的影响。

4. 忽视呼吸和体味作为你"外表"的一部分的重要性。多年前,我有一个名叫丹尼斯(Dennis)的直接下属,他是一个年轻人,这是他在大学毕业后的第一份工作。他真的很想成功,而且非常聪明能干。他总是有很好的想法,充满活力,对这份工作充满热情。他工作很长时间,也很辛苦。我真的很喜欢他做我的直接下属。

问题是丹尼斯的体味不好,这一点非常糟糕。在某些日子里,他身上的味道很难闻,以至于当他和其他人在会议室里时,大家就会找借口缩短会议时间。没有人能忍受这种气味。

有一天,当公司总经理把我叫到他的办公室时,状况糟糕到了极点。他对我说:"在丹尼斯的体味问题得到解决之前,我不会再和他开会了。我不能再忍受了,如果他学不会适当洗澡,我们真得考虑一下他在这家公司的前途。想想办法,布伦达。"

你可以想象我多么害怕和丹尼斯的对话!这是一个非常敏感的话题,我不想让他感到尴尬或失去信心。但我也想让他在公司里取得成功,我觉得他有一个光明的未来。所以,不久之后,我和丹尼斯开了个会。

我发现丹尼斯每天早上会去游泳,在上班之前冲个澡。所以,他实际上很干净。但在他游完泳后,他日复一日地穿上同样的衣服。这是因为他还没有足够的钱来投资更多的商务套装,而且他的衣服必须干洗,这是他不能经常做的。

  我提醒丹尼斯，他的职业形象不仅仅是建立在他的外表上，也建立在其他"感官"的认知上。我们一致同意，他会寻求一笔小额贷款——刚好买两到三套西装和几件衬衫。结果，气味问题立刻就消失了。我很高兴地发现，丹尼斯不仅在他的职业生涯中继续表现出色，而且在同一家公司中取得了长足进步。如果丹尼斯没有意识到我们的"外表"不仅仅是我们眼睛看到的，那么这个故事可能会以一种完全不同的方式结束。

个人品牌克星——声音

  1. 忽视沉默作为一种强有力的声音的重要性。你可能认识一些人，他们觉得有必要说些什么，什么都行。只要有片刻的安静，他们就会跳进去，说——即使是说一些不重要的事情。这些人对沉默感到不安，但他们真的不应该这样。从专家那里得到：有没有注意到，公开演讲的人如何使用沉默来表达自己的观点？片刻的沉默是非常有力的。

  20世纪俄罗斯指挥家安德烈·科斯特兰尼茨（Andre Kostelanetz）曾经说过："这是他们最伟大的声音之一——对我来说，这是一种声音——是彻底的、完全的沉默。"想想看，没有音乐中的休止符，就没有节奏。说话也有节奏。所以，沉默在音乐中是真实存在的，在我们的工作交流中也是真实存在的。有时候，只是坐着听（或者在思考时保持安静）是你能发出的最好的声音，它传达了自信、智慧、耐心和反思。对个人品牌来说，用沉默来交流并不是一个坏的领导方式！

  2. 感觉需要用"嗯"来填补沉默。偶尔，当人们对沉默感到不安时，他们说"嗯"。最近，我看了一部电视节目，讲述了某部电影是如何制作的，其中主要的女明星也接受了采访。当她表演的时候，这位女演员表现得很好，很有能力，也很有控制力。但在这次采访中——作为真实的自己，她每五个字左右就有一个"嗯"。这真的改变了我对她的印象，从"自信而沉着"到"不确定和口齿不清"。这让我想起了关于声音的个人品牌克星1：她最好什么都不说，而不是不停地重复"嗯"。

我想大多数人会说"嗯"，因为他们不确定自己想要交流什么，只是觉得应该说点什么来填满一个安静的时刻。或者他们想要得到别人的注意，但不知道接下来要说什么。尽管如此，"嗯"并没有给谈话增加任何内容，正如这位女明星的例子所说明的那样，它实际上会损害人们对你的感知、思考和感受的方式。

当你说话的时候，你是否在说"嗯"？当你做演讲或演示时，自己先录一段，数数你说的"嗯"，然后再听一遍，停下来想一想你说"嗯"的原因。你什么时候会说"嗯"？在那些时刻，你的想法是怎么回事？你可能会发现可以停止的模式。当你说话的时候，你也可以让你的朋友或同事数你"嗯"的次数。你甚至可以建立一个"嗯基金"，并约束自己在每次你说"嗯"的时候把一枚硬币放进一个罐子里，它将帮助你更加意识到你的"嗯"，这样你就能在说"嗯"之前抓住自己。自信的个人品牌建设者在思考接下来该说什么时，会用平静的沉默取代"嗯"。

3. 在被邀请参加的会议上没有发言。当然，在你被邀请参加的会议上，另一个极端是不做任何贡献。虽然你不想成为一个喋喋不休的人或者一遍又一遍地说"嗯"，但也不想保持沉默。讽刺的是，这可能会给你的个人品牌发出一个响亮的信息，比如，你认为你没有什么可提供的。

我知道你可能会想："是的，但是闭上我的嘴，让别人认为我是个傻瓜，难道不比张开嘴消除所有的疑虑更好吗？"我不这么认为。如果你被邀请参加一个会议，你就会得到报酬来为它的成功做出贡献。如果你有话要说，请大声说出来。这不仅是分享你想法的好机会，而且是你应该做的！

如果你真的认为你没有什么可以为会议做贡献，那就问问你自己，这能为你的品牌形象带来什么好处。如果你仍然觉得必须参加会议，那就坐在后面，而不是在主桌上，让会议的组织者知道你在那里只是为了观察。请记住，如果你决定坐在主桌上，你就应该参与进来。

4. 没有直接回答你被问到的问题。这可能更多的是关于你所说的话，但它是一个值得重视的个人品牌克星。成功的自我品牌塑造者回答直接的问题。好吧，直接的！一个直接的问题是一个有具体答案的问题。例如，你的广告公司准备为合作方推出一项关于新服务开发的广告，你的客户正在考虑你们提出的两种不同的方案。你的上级直接问你："两个方案中你喜欢哪一个？"你没有直接回答，而是说："嗯，我知道方案1可能会更加明显和引人注目，但我认为方案2实际上更多的是在战略上。另一方面，方案2并不那么令人兴奋。所以，我想这两种方案都有好处。"

你回答这个问题了吗？不！你能对这个直接问题说的所有可能的答案是什么？要么"方案1"，要么"方案2"，或者"两者都不是"！不管你选择哪一个答案，关键是：先回答这个问题。有自己的观点，并陈述它。然后，直到那时，如果有必要，解释一下你的选择。记住：你得到报酬是为了有自己的观点，并直接分享你的观点。不要犹豫，直接去做。

个人品牌克星——思想

1. 相信自己是工作中的受害者。是什么将乐观、成功的人与不乐观的人区分开来？我相信这是他们选择如何解读各自生活中的事件的方式。正如温斯顿·丘吉尔所言："悲观主义者在每个机会中看到困难；乐观主义者在每一个困难中看到机会。"

如果你一直相信工作中的人是"为了对付你"，你就会一直很害怕，工作生活也很糟糕。如果你决定把生活和工作看成一场冒险，对接下来可能发生的事情感到兴奋，你会更快乐、更快乐，最终也会更平静。这就是思想的工作原理。我可以诚实地说，我所经历过的一切消极的事情最终教会了我一些惊人的东西。在艰难的环境中，没有太多的"乐趣"，但正如作家丹尼斯·维特利（Denis Waitley）所说："没有错误或失败，只有教训。"

我们可以选择把自己看作是受害者，或者我们可以选择把每一种情况都看作是改善我们自己的机会。聪明的个人品牌建设者选择后者！事实上，最幸福的人是那些相信没有消极经历的人——只有成长、学习和前进的机会，才能自我掌控。每当有所谓"坏"的事情发生在我身上时，我总是坐下来，问自己："这有什么好处呢？"可能需要一段时间，但最终会有好事发生。

这里有一个我自己的例子：在美国工作了几年之后，我曾一度强烈渴望到海外工作。我好几次向我的公司表明这是我想要的，最后，在一个星期一的早晨，我被叫到老板的办公室，在那里她分享了这个消息："你要搬到布拉格去！"

我欣喜若狂！我买了我能找到的关于捷克共和国的每一本书，并阅读了所有关于它的书。布拉格是多么美丽的城市啊！每一本书都指出布拉格是中欧和东欧最好的旅游目的地。我感到兴奋不已。

但在接下来的周一早上，我又被叫到老板的办公室："计划改变，你要搬到波兰华沙去。"我没有冒犯华沙的意思，但从我看到的照片来看，它看起来不像布拉格！那时候我被彻底摧毁了——毕竟，整整一个星期，我的头和心都要搬到美丽的布拉格去了，这对我是一个巨大的打击。我确实同意搬到波兰去，但我承认我对此并不高兴。

当我回头看那个决定时，我不得不笑。为什么？因为搬到华沙的决定是我一生中做出的最好的决定之一。你看，在柏林墙倒塌后不久，我就搬到了那里，所以波兰很快就成了中欧和东欧商业发展的动力中心——这是该地区增长最快的经济体。我刚来的时候，我的公司只有50个人，五年后我搬走的时候，已经有1000多人。在华沙这样一个充满活力的市场环境中，我能够推出并发展大量的品牌，如果我去了捷克这样一个规模较小、增长较少的国家里，是不会有这种体验的。总而言之，这是一个令人难以置信的职业发展时期。而且，在个人方面，我甚至结婚了，而我和我爱人都是在波兰生活的外国人。这个例子只是向你展示，看似"坏"的东西实际上可能是比好的东西更好。根据我的经验，一直如此。

我鼓励我指导的客户不要把事情看成是消极的或积极的。我要求他们客观地看待情况，并庆祝他们取得的增长。事实上，现在花点时间回想一下，你觉得自己成长得最多的时候。我的猜测是，这是一些挑战你或你当时认为"坏"的东西的结果。

如果你能养成把生活和事业看成是一种冒险的习惯，而不是"接下来会伤害我的东西"，你就会不再那么担心，并且享受当下，期待最好的结果。一旦你这样做了，你会惊讶于改变你的看法，你创造的个人品牌也会变得更好。

2. 不接受任务，因为你害怕失败。你会拒绝机会——一个有挑战性的项目或者一份很棒的新工作——因为你害怕会失败吗？正如我在思想章节中所说，如果你认为你会失败，你可能会失败。你如何与这个令人讨厌的声音做斗争："你最好不要试。如果你失败了，你将永远无法回到你现在的位置！"

优秀的个人品牌建设者首先要花时间去理解恐惧的根源。通常，这种恐惧来自于这个项目，看起来就像是一个巨大的目标。当你看到自己在山脚下的时候，你想要达到的目标是在顶端，它会让你感到难以克服。但是，如果你改变了你的观点，一次只迈出了一小步，那么这个巨大的任务就会突然变得可行。

让我们考虑一个城市，因为它刚刚赢得了奥运会的主办权。最成功的奥运管理团队是做什么的？他们很早就开始（他们知道自己的最后期限），并设定了一个鼓舞人心的愿景和目标。他们了解预算限制，有一个明确的时间表和特定的里程碑，列出了他们需要到达终点的所有步骤，然后将正确的资源放在适当的位置以使其发生。

对待你的个人品牌，你也可以这样做。下次当你的受众要求你接受一项看似艰巨的任务时，接受它吧！简单地把它切成小块，然后制订一个计划，每天或每周都要处理一小部分，视情况而定。你会学习，你会成长，你最终会到达山顶。从上面往下看，景色一定很棒。

3. 害怕反馈——无论是给予还是接受。尽管大多数人并不特别喜欢反馈，但这是我们能给予或接受的最好的礼物之一。优秀的个人品牌的建设者们知道，除非他们得到公开和诚实的反馈，否则建立一个个人品牌是不可能的。你应该定期要求它，以便调整你的品牌沟通能力。向别人寻求反馈，告诉别人你是一个专业人士，你很自信，而且你想要进步。你不需要做大的事情，比如在演讲或项目完成后，简单地说："我很想听听你对这个项目的看法。发生了什么好事吗？还有什么比这更好的呢？"

学会给予有意义的反馈也是非常有力的。你会帮助别人改进，并为他们提供其需要的鼓励。这是一项绝对能进一步提升任何个人品牌的技能。

4. 相信"如果它不是百分百完美的，那就没有完成"。这是一个完美主义者的标志。完美主义者经常想或说的是："没有人能像我一样做到这一点。"你发现自己在想这些话吗？如果是这样的话，你可能会比你完成项目所需要的工作多出20%。

你已经听过80-20规则了，对吧？"如果做了80%，那就足够了。"十有八九，这是正确的，那些不相信这一点的人——坚持最后20%的完美主义者——很可能是在原地打转，试图完成那些从长远来看不会有太大影响的小事。与此同时，那些遵守80-20规则的人，已经完成了他们最初的项目，并开始另一个项目。他们变得更有成就，并向管理层和客户传达了更高效、更有效的形象。

对自己诚实一点——额外的 20% 真的会带来改变吗？如果你真的不能在 80% 的时候停下来，那就把目标定在 90%，剩下 10%。一旦当你看到那 10% 没有完成，天空并不会塌下来时，你就会开始适应只做 80% 的事情。它让你的生活以及你眼中的个人品牌，变得更好。记住，成功是一个可以实现的目标；完美不是。

你需要做哪些破坏者？

下一页是一个小测验，帮助你更好地了解你在前面 20 个最常见的个人品牌克星的基础上是如何做的。如果你在一个特定的克星面前有 50% 或更多同感的时候，标记"是"；如果你认为你有不到 50% 的同感在这个克星范围内，那就标记"否"。

在测验的最后，是一个得分的关键。当你完成的时候，你就会清楚地知道你需要做多少工作来避免损害你的个人品牌。即使你的分数有点令人失望，也请振作起来。正如作者 F. 韦克译克（F.Wikzek）所说："如果你不犯错误，你就没有解决足够多的问题。这是一个很大的错误。"

不管你的成绩如何，有了这本书和掌握个人品牌的系统，你就有了一个路线图，可以让你的个人品牌的形象达到前所未有的状态。不要停留在过去，从这一刻开始做些什么来让事情变得更好。在每一个克星之后，写下你将采取的行动步骤来粉碎那个特别的克星。你会怎么做才能确保你不再犯错误？

你是否偶尔会做个人品牌的克星？

行动

是 否 　　　　　　　　　　　　　　　　　　　　　行动步骤

☐ ☐ 1. 提供不恰当的握手。
☐ ☐ 2. 请求允许在你的职责范围内做出决定。
☐ ☐ 3. 在处理棘手的问题之前，先做一些不那么重要、更容易的任务。
☐ ☐ 4. 不停地工作，不休息。

反应

是 否 　　　　　　　　　　　　　　　　　　　　　行动步骤

☐ ☐ 5. 把你自己和情况看得太严肃。
☐ ☐ 6. 当你真的不知道的时候，你就会明白一些事情。
☐ ☐ 7. 一贯放弃先前计划的个人工作计划。
☐ ☐ 8. 当你不能完成指定的任务时，"委派备份"。

外表

是 否 　　　　　　　　　　　　　　　　　　　　　行动步骤

☐ ☐ 9. 低估了适当的眼神交流的影响。
☐ ☐ 10. 穿着不得体。
☐ ☐ 11. 认为"外表"只意味着你个人或办公室的某些方面。
☐ ☐ 12. 忽视呼吸和体味的重要性，这是你"外表"的一部分。

声音

是	否		行动步骤
☐	☐	13. 忽视沉默作为一种强有力的声音的重要性。	
☐	☐	14. 感觉需要用"嗯"来填补沉默。	
☐	☐	15. 没有在你被邀请参加的会议上发言。	
☐	☐	16. 没有直接回答你被问到的问题。	

思想

是	否		行动步骤
☐	☐	17. 相信自己是工作中的受害者。	
☐	☐	18. 不接受任务,是因为你害怕失败。	
☐	☐	19. 害怕反馈——不论给予和接受。	
☐	☐	20. 相信"如果它不是百分百完美的,那就没有完成"。	

你的个人品牌的小测验得分

数一下你回答"是"的次数,并将你的最终数字与下面的个人品牌的记分卡进行比较:

个人品牌克星记分卡
如果你给出回答"是"的次数是……

0~5	你显然是一个强有力的个人品牌塑造者,拥有优秀的自我领导能力。继续做好工作,直到你有零个"是"的回应,不要停止。
6~10	选择一个或两个领域,你认为可以在你的个人品牌形象中发挥最大的作用,并制订一个计划,在接下来的几个月里专注于改变那些自我领导的行为。

10~20	好消息是：你已经发现了一些可以加强你的个人品牌的机会。在接下来的六个月里，找出你想要关注的三个具体的破坏者。然后，在你努力改变你的个人品牌形象的过程中，找一个导师或教练来提供反馈和鼓励。改变你的品牌永远不会太迟。迈出第一步对你来说太棒了！

无论你在测验中获得什么分数，我都会向你致敬，向你为现实个人品牌所做的努力致敬。现在，让我们确保你采取了必要的步骤，保证你能成功地建立起你的品牌。

品牌进展：不断刷新里程碑

> 我认为，对于任何一种成功来说，最重要的品质莫过于坚持不懈。它几乎征服了一切，甚至自然。
> ——约翰·D.洛克菲勒（Jhon D. Rokefeller），美国实业家和慈善家

在这段旅程即将结束之际，不妨坐下来反思一下，在打造自己独特的个人品牌之路上，你走了多远。我们共同实施了这个系统的每一个步骤，帮助你发现自己的个人品牌。我们研究了以下内容。

√ 什么是个人品牌，以及它对你的工作场所、职业生涯、薪资报酬、晋升机会、公认赞誉等的影响。

√ 明确构成你的个人品牌的六个核心要素：受众、需求、比较、独特优势、原因和品牌特征，并将这些要素结合起来，创造出你独特的个人品牌定位声明。

√ 探索如何通过你每天所做的五项自我领导活动来传达你的个人品牌：你的行动、反应、外表、声音和想法，这五项活动也是最能影响你的个人品牌的。

√ 为自己制订一个独特的个人品牌营销计划，列出具体的行动、反应、外表、声音和想法，以确保你准确一致地传达你的品牌。

√ 通过观察几个关键的个人品牌的克星，回顾一下如何避免损害你的个人品牌——不管是从我们的测试中得到的20个常见的，还是你自己

的私人列表中的特定的。

在这个过程中，你已经问了自己和别人一些强有力的问题，有机会从客观的角度来看待你当前的个人品牌。并且，你已经能够构思出你想要的品牌愿景。总之，你已经成为一个伟大的个人品牌建设者，致力于建立能够聚焦受众你的个人品牌。你做得很好！

当然，就像任何一个拥有强大战略的优秀营销人员一样，仅仅有一个计划是不够的。你必须坚持到底，日复一日地坚持这个计划。

成功完成交易

你如何确保这条通往你想要的个人品牌的道路上，在你良好的意愿铺就下，不会变成一条死胡同？这里有一些建议可帮助你坚持下去。

• 要有自信。在华盛顿大学进行的一项研究中，他们发现，那些对自己更有信心的参与者更有可能坚持自己的新年决心。换句话说，那些相信自己能够实现目标的参与者确实实现了目标。

• 从认识到建立你的品牌是一个过程，而不是一次性的努力。你在努力培养新的习惯，养成新的行为，所以要坚持不懈，耐心等待。华盛顿大学的同一研究表明，只有40%的人在第一次尝试的时候就成功实现了他们的新年愿望。剩下的人尝试了多次，另有17%的人在六次以上的尝试后终于成功了。所以，如果你犯了些许错误，不要自责。坚持不懈最终会有回报的。

• 坚持你的个人品牌的愿景。设计一个代表你的品牌形象的视觉符号，把它放在你触手可及的某个地方作为提醒。你可以把它放在你的口袋或钱包里，与你的个人品牌简介放在同一张纸上，这样你每次伸手去掏钱的时候就能看到或感觉到它。这是记住你的个人品牌目标的好方法。

• 每周第一件事，从行动、反应、外观、声音和想法等方面设定具体的、可衡量的目标，促进你实现自己想要的个人品牌。在一周结束时，如果完成了这些任务，奖励一下自己。

- 你是否感到有些不知所措，因为你想要改变你的个人品牌营销计划中的一些活动？如果是这样，那就一步步来。这个月，只需要专注于你营销计划的一两个部分。哪一项或两项活动可能产生最大的不同？从这里开始。当你准备好了，你可以随时关注更多的活动。
- 当你面临一项严峻的挑战时，你会以一种与你想要的个人品牌不一致的方式做出反应。回顾一下你的应对策略清单，提醒自己"大局"，从细节中跳出来，试着客观地看待事情的进展。想象你在 3 万英尺（1 英尺约合 0.3 米）高的空中，有一个鸟瞰的视角。
- 在工作中找一个值得信赖的知己，成为你的"个人品牌责任伙伴"。你们可以互相帮助，保持各自个人品牌营销计划的正轨，并在此过程中相互支持。另一种选择是，如果可能的话，考虑聘请一位教练或找一位导师，来协助对自己的目标负责，并帮助你客观地看待问题。
- 记录你的进步。监督自己，记录成功，并定期奖励自己完成目标。

如何知道自己是否已成功塑造个人品牌？

当受众告诉你时，你就会知道你已经做到了你想要的个人品牌！记住：你的个人品牌是你希望别人感知、思考和感受你的方式。这意味着你需要时不时地回顾一下，这样你就能知道那些"其他人"什么时候会以你想要的方式感知、思考和感受你。

为了确保你的工作走在正轨上，也为了确定你在个人品牌建设方面表现如何，定期进行自我检查。回顾概述了六个个人品牌定位要素的章节，以及要问你自己和受众的关键问题。例如：

・受众与需求。这些可能没有改变，但是仔细检查是一个好主意，特别是在需求方面，以确保没有新的受众需求出现。

・比较。是否有新的选项进入你的比较列表？

・独特优势。你是否展示了独特优势，你的受众是否注意到了它们？

・原因。你的听众是否认为你的理由足够充分，足以让他们相信你能发挥出自己独特的优势？

・个人品牌特征。你的个人品牌是否体现了你的品牌特征？你的受众是否以这种方式感知、思考和感受你？

为自己设定里程碑，并保持每八周、三个月、六个月与受众见一次面的规律。

发展你的个人品牌

作为人类，我们不是静止的，我们也不打算静止。你的个人品牌会随着时间的推移而成长，就像企业品牌一样。还记得苹果只代表 Mac 系统电脑的时候吗？现在，苹果代表了更多。在过去的几年里，它的品牌有了很大的发展，已经成为一个活跃的品牌拓展者。你可能还记得柯达（Kodak）品牌，死守胶片，它花了太长时间才对日益增长的数码相机潮流做出回应。这些是没有迅速适应发展的品牌。

就像这些企业品牌一样，你必须发展自己的品牌，以适应你周围正在发生的变化。注意你的个人品牌的要素需要如何改变，以及这些改变将如何影响你的个人品牌的发展和演变。

・也许你换了工作，换了新老板，或者你决定接受一种新的内部客户。所有这些活动都将影响你的个人品牌的受众部分。

- 如果受众发生了变化，就必须重新定义新受众的需求。有时候，你的受众本身并不会改变，但是环境会导致你现有受众的需求发生改变。这意味着你必须因此改变你的个人品牌。永远不要忘记受众需求对定义个人品牌的重要性。

- 你的公司是否正在把你的部分工作外包出去，或者是否有新员工需要加入你的比较列表中去？注意这些变化对你品牌的影响。

- 发展独特优势为你提供了哪些额外的机会？你新的独特优势会让你得到晋升或承担更大的责任吗？注意这些可能性，并利用它们。

- 当你强化你的理由时，请再次注意，新的机会可能会给你带来什么。别忘了注意列出你的比较列表中需要新增添的"理由和原因"。你之前定义的理由是否仍然足够强大，或者工作上的变化使你有必要发展出更强大的理由吗？

- 你是否忠于你的个人品牌？通常情况下，你的性格不会随着时间的推移而发生太大的变化——通常是导致了生活巨大变化的一些重大事件才会造成你的性格改变。这样的事情是否发生在你身上？是否影响了别人对你的品牌特征的看法？如果是这样，这对你的整体品牌意味着什么？

对个人品牌的建议

在这条通往你的个人品牌的道路上，与你同行是一段多么美好的旅程啊！我希望听到你在制订个人品牌定位声明和实施个人品牌营销计划过程中的成功、挑战和问题，请与我联系 Brenda@BrendaBence.com。我期待着看到你们的品牌进展故事。

祝贺你学会了在工作中创造和传达自己的独特品牌，从而掌控了你的事业成功。祝你品牌建设愉快，一生有成！

关于作者

布伦达·本斯充分地了解了在全球化环境下工作所需面临的各种挑战。她是 BDA（品牌发展协会）国际有限公司的创始人和总裁，该公司在美国和亚洲都设有办事处，专门帮助世界各地的公司和个人客户建立成功的、增长型的企业和个人品牌。作为一名国际演说家、培训师和高管教练，她指导过的高管有 700 多名，这些高管大多来自世界各地的超大型公司或极具知名度的公司。她帮助他们定义和传播自己的企业和领导个人品牌。

布伦达毕业于哈佛商学院，曾在宝洁和百时美施贵宝担任高管。她曾负责在四大洲近 50 个国家推广潘婷、沙宣、海飞丝和美赞臣等品牌。

除了提供个人和领导团队的指导服务之外，布伦达还是一名极受欢迎的演讲者，无论是大会还是公司会议，享誉东南亚、大中华区、美国以及北美、西欧和东欧、印度次大陆、澳大利亚、新西兰和非洲。她为雅培、美银美林、波士顿咨询集团、瑞士信贷、达能、德勤、通用电气、肯德基、卡夫、礼来、美泰、微软、必胜客、苏格兰皇家银行、丽笙酒店、喜来登酒店、渣打银行和瑞银集团等客户提供了充满活力的课程。

在卓越领导力年度 500 强的排名榜上，布伦达的自主领导力发展项目被评为全球独立培训师和教练的前 25 强之一。

布伦达也是一名作家，出版过几部著作，曾获得 24 项美国国家和国际图书奖，她已在 400 多家媒体上发表专栏，内容涉及品牌、领导力和高管培训等。其中包括《投资者商业日报》《名流》《金融时报》《洛杉矶时报》《读者文摘》《大都会》和《华尔街日报》的《财智月刊》。

布伦达还是电视和广播节目中颇受欢迎的嘉宾，同时也是国有和私营公司以及非营利组织的董事会成员。她游历了 80 多个国家,是一名狂热的麻将玩家,也喜欢学习外语。

更多信息,可通过登录网站 www.BrendaBence.com,或发送电子邮件 Brenda@BrendaBence.com 获取。

致 谢

> 写作并没有什么技巧可言，你所能做的，就是坐在打字机前帮自己"开天眼"和"打通任督二脉"。
>
> ——沃尔特·韦尔斯利（Walter Wellesley）

写一本书确实类似于"打通任督二脉"，这真的是甘之如饴。正如任何一本书一样，这本书的完成绝不能仅仅归功于我一人。我非常感谢帮助我完成这本书的所有朋友，他们为了让这本书从一个想法变成现实，奉献了许多不可思议的才能。由衷感谢！

首先我必须向我的个人领导品牌指导客户表示忠诚的感谢，是他们陪伴我一起进行自我品牌发现之旅。

迈克·马洛尼（Mike Maloney）和理查德·切尔尼亚夫斯基（Richard Czierniawski）是两位营销天才，多年来，我一直与他们保持着良好的、富有成效的合作关系。感谢你们的不断支持，感谢你们的友谊。

感谢来自世界各地的优秀指导和专家团队：

- 来自美国的梅兰妮·沃塔（Melanie Votaw），是一位特别出色的编辑；
- 来自澳大利亚的杰伊·科顿（Jay Cotton），在系统设计方面特别出色，且工作高效，拥有敢作敢为的态度；
- 来自印度的埃里克·麦尔（Eric Myhr），提供了卓越的设计方案和排版服务；
- 来自美国的格雷厄姆·迪克霍恩（Graham Dixhom），为图书的封面配上文字"Write to Your Market"。

除了感谢那些为我写出这本书提供过帮助的人之外，我还衷心感谢那些不知疲倦地为我加油鼓劲的人们。

丹尼尔，是你每天给我带来支持与欢乐……在生活中，你是我最好的伴侣。

妈妈，是你从小教会我要笑对生活。感谢你年末为我准备的杏仁球、苹果酱的惊喜，以及独立日的土豆沙拉。

凯西·乌尔马彻（Kathie Uhrmacher）、布雷特·本斯（Brett Bence）、克雷格·本斯（Graig Bence），以及siblings & LLC的合作伙伴，我们是多么幸运才拥有彼此！

丹妮尔·约翰斯顿（Danielle Johnston），40年来一直支持我，非常有天赋的闺蜜，感谢你让我随时随地都能够开怀大笑。

感谢BDA国际的整个团队，在我写作的过程中，让公司保持良好的运转。

在写这本书的时候，我的朋友、同事和商业伙伴，对于你们的邀请很多时候我真的想说"是"，但却不得不说"不"。要知道，我的精神与你们同在，尽管我的身体还在电脑前不停地打着字……

感谢我的团队，感谢你们的支持与帮助。